钱伟长的故事

李建臣 ◎ 主编

远方出版社

图书在版编目（CIP）数据

钱伟长的故事 / 李建臣主编. -- 呼和浩特：远方出版社，2022.12
（"榜样代代传"系列丛书）
ISBN 978-7-5555-1830-3

Ⅰ.①钱… Ⅱ.①李… Ⅲ.①钱伟长（1912-2010）-生平事迹-青少年读物 Ⅳ.①K826.11-49

中国版本图书馆CIP数据核字（2023）第059443号

钱伟长的故事
QIAN WEICHANG DE GUSHI

主　　编	李建臣
责任编辑	王　叶
封面插画	吴幸婷
内文插画	张会琴
封面设计	VIOLET 01152979738
版式设计	曹　驰
出版发行	远方出版社
社　　址	呼和浩特市乌兰察布东路666号　邮编010010
电　　话	（0471）2236473总编室　2236460发行部
经　　销	新华书店
印　　刷	天津中印联印务有限公司
开　　本	880毫米×1230毫米　1/32
字　　数	112千
印　　张	6.75
版　　次	2022年12月第1版
印　　次	2023年4月第1次印刷
印　　数	1—5000册
标准书号	ISBN 978-7-5555-1830-3
定　　价	42.00元

如发现印装质量问题，请与出版社联系调换

编者序

吾辈自强 强国有我

对于青少年来说,他们正处于长身体、长知识和形成世界观的重要时期,兴趣广泛、可塑性强,各方面都还不成熟。如何紧扣时代脉搏,与时俱进地帮助青少年树立正确的人生观、价值观和世界观,是家庭、学校和社会需要共同思考的问题。

党的十八大以来,以习近平同志为核心的党中央高度重视青少年的思想政治教育,习近平总书记在许多场合对加强青少年思想政治教育发表了一系列重要讲话,内容涵盖立德树人、社会主义核心价值观的培育和践行、以文化人、以文育人、教育合力构建、加强党的领导等。这些重要论述,充分体现了以习近平同志为核心的党中央对青少年成长成才的亲切关怀和殷切期待,立意高远,思想深邃,形成了内涵丰富的思想政治教育理论体系,为提升青少年思想政治教育科学化水平指明了方向。

榜样教育是青少年品格塑造的一种重要形式,应科学合理地树立榜样,为青少年追求真理、完善人格、实现理想指明方向,并源源不断地提供精神力量,从而培养青少年爱国、奉献、创新、求真、务实的崇高品质。

为了帮助青少年向榜样看齐,向使命聚焦,汲取榜样的力量,感受其家国情怀以及进取、奉献的优秀品质,我们组织多位专家学者编撰"榜样代代传"系列丛书,介绍了钱学森、竺可桢、钱伟长、华罗庚、钱三强、苏步青、李四光、童第周、陈景润及邓稼先等科学先驱的事迹。这些科学家学习成绩优异,科技成果突出,得到了国际学术界的广泛认可。他们每一个人都深深知道:科学无国界,科学家有祖国。钱学森说:"我的事业在中国,我的成就在中国,我的归宿在中国。"李四光说:"要把所学到的知识,全部奉献给我亲爱的祖国。"邓稼先说:"假如生命终结后可以再生,那么,我仍选择中国,选择核事业。"他们不惜牺牲个人利益,远跨重洋回到生活与科研均"一穷二白"的祖国,在各自的领域自力更生、攻坚克难、开拓创新,为我国的社会主义建设和国防安全做出卓越的贡献。

鲁迅先生在《中国人失掉自信力了吗》一文中发声:"我们从古以来,就有埋头苦干的人,有拼命硬干的人,有为民请命的人,有舍身求法的人……"历史的风雨、生活的磨难,阻挡不了这些人前行的脚步。正是他们扛起了中华民族伟大复兴的重任,他们无愧为"中国的脊梁"。有人不禁要问:今天的青少年长大后,还能不能扛起重任?

要回答今天的青少年还能不能扛起重任的问题,我想起了梁启超先生100多年前的期许——"少年智则国智,少年强则国强。"

榜样是一面旗帜,榜样是一座灯塔,榜样是一种动力,可以为当代青少年引领方向,指导他们奋勇前行。这套"榜样代代传"系列丛书的出版初衷,就是希望青少年以老一辈科学家为榜样,学习他们胸怀祖国、服务人民的爱国精神,勇攀高峰、敢为人先的创新精神,追求真理、严谨治学的求实精神,淡泊名利、潜心研究的奉献精神,集智攻关、团结协作的协同精神,以及甘为人梯、奖掖后学的育人精神,并将这些可贵的品质吸收为个人的精神财富与进取动力,做有理想、有本领、有担当的新时代青少年。

目 录

第一章　坎坷求学路

书香世家的风骨　/ 003

传承三代的"素书堂"　/ 006

刻苦勤俭的少年　/ 013

只有读书，才有出路　/ 018

高中录取榜上的"孙山"　/ 022

丧父引发的失学危机　/ 026

伴随一生的"开夜车"习惯　/ 031

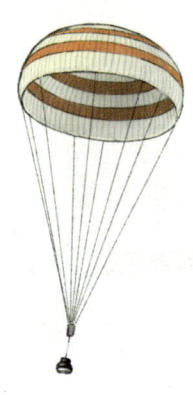

第二章　少年有壮志

被破格录取的文科状元　/ 039

为救国弃文从理　/ 043

跻身"清华五虎将"的小个子　/ 049

物理系的"拼命三郎"　/ 053

读书要用功，更要得法　/ 057

南下宣传抗日　/ 062

动荡中的科研　/ 067

战火中的婚礼　/ 070

第三章　海外从名师

"宁可不留学，也不用日本的签证"　/ 075

在多伦多大学崭露头角　/ 080

影响巨大的博士论文　/ 083

研制"下士"导弹　/ 086

与冯·卡门合作　/ 090

第四章　为国效力忙

归来的游子　/ 097

新中国成立前的"最后一课"　/ 101

忙碌而充实的日子　/ 107

没有教材就自己编　/ 111

师生齐力，勇攀高峰　/ 116

"双钱"合璧　/ 120

第五章　逆境守初心

甘当"地下工作者"　/ 125

《傅氏级数之和》大表　/ 130

特钢厂的炉前工　/ 133

研制坦克高能电池　/ 135

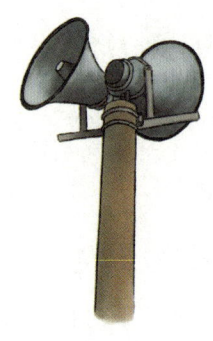

第六章　迈上新征程

把讲坛搬到全国去　/ 143

扛起"三项任务"　/ 146

为科学甘做"人梯"　/ 152

"国家的需要就是我的专业"　/ 156

为"三农"问题献计献策　/ 163

第七章　理想须践行

"聘钱之争"　/ 171

心怀坦荡选英才　/ 177

拆除"四堵墙"　/ 181

肩负起校长的责任　/ 190

要办就办一流的综合性大学　/ 196

第一章 坎坷求学路

丰富的学校生活使钱伟长的眼界开阔起来,他听课也更认真了。他知道家里经济困难,自己能上学已经不容易,不能辜负父母和亲人们的期望。

书香世家的风骨

  1912年10月9日,一个小生命降生在江苏省无锡县(今无锡市)鸿声镇(今鸿山镇)七房桥村的钱家宅院内。他的到来,给钱家增添了难得的喜气,每个人的脸上都露出了久违的笑容。这个给家族带来欢乐的新生命,就是钱伟长。

  钱家是七房桥的大家族,明代中叶时更是地方首富,其远祖可追溯到五代时期吴越国的武肃王钱镠。到清朝末年,钱家家道衰落,钱伟长的祖父钱承沛中了秀才,设私塾教书养家,后来接任族长。他共育有四子:长子钱挚,次子钱穆,三子钱艺,四子钱文。其中,钱挚便是钱伟长的父亲。

钱挚还不足 15 岁时，年仅 39 岁的钱承沛便因体弱多病、积劳成疾而去世。失去经济来源的钱家顿时陷入困境，幸得钱氏家族的义庄资助，钱挚才从常州中学师范科毕业。因家中经济困难，三个弟弟也需要接受教育，他便返回家乡创立又新小学，后来又在荡口镇的鸿模小学任教。但是因为薪资微薄，他时常要靠义庄接济粮米。作为家中的顶梁柱，其艰辛可想而知，但他毫无怨言。

钱伟长是钱挚的第二个孩子，他本来还有个姐姐，但未满周岁便夭折了。钱挚对这个儿子寄予莫大的希望，为他取名伟长，希望他见贤思齐，向有才智的人学习。

在钱伟长的印象中，祖母贤良淑德、治家有方，对他言传身教，使他从小便懂得要勤奋上进。

由于祖父早逝，祖母艰难地撑起了这个家，总是带着母亲忙里忙外，辛勤劳作。闲暇时，祖母也会教钱伟长识字，给他讲祖父钱承沛苦读成才的故事。

钱承沛自幼便有"神童"的美誉，因家境贫寒，没有专门的书房供他学习，他只能在私塾后面的破茅屋中读书，寒来暑往，风雨无阻。夏季炎热难忍，为了防止蚊虫叮咬，他搬来两个装满凉水的酒坛，将双脚放进坛

第一章
坎坷求学路

中,学习至深夜。功夫不负有心人,经过多年的寒窗苦读,他在16岁那年考中了秀才。因无意于名利,他在七房桥设立了私塾。作为清末秀才,钱承沛的思想并不保守,他经常阅读上海出版的报纸,吸收各种新知识。

通过阅读报纸,钱承沛接触到了孙中山先生"平均地权"的思想,并很快消化吸收,将这种思想与七房桥的实际情况相结合,建立了"钱氏怀海义庄",说服族人把原先由个人管理的田地交由义庄管理。义庄规定,凡是七房桥的孤寡老人及父亲早逝的未成年孩子,每人每月可以从义庄领取一斗米、一贯钱作为生活补贴。这种做法巧妙地化解了佃户和地主之间的矛盾,给七房桥的经济带来了活力。县知事对此事也大加赞赏,并全力支持。

钱承沛兴办义庄的事迹很快流传开来,不到三年,苏州、昆山、常熟、太仓,甚至崇明等地也先后办起了义庄。钱承沛这种大公无私、为族人排忧解难的担当,潜移默化地影响着钱家后人。

祖母教育钱伟长不可忘记祖辈遗训,要将钱家家风一代代传下去。而祖母本人也是一位颇具士人之风的女子。钱承沛去世后,一些族人建议她向义庄申领生活补贴,她不但果断拒绝,反而经常为族里的贫困人家申请补贴。

祖母坚毅独立、大义大德的品格，受到了众人的敬重。

年幼的钱伟长虽然还不能深刻理解祖母的做法，但祖母坦荡的行为和族人的赞扬给他留下了很深的印象，这也在无形之中为他树立了典范。另一方面，父亲钱挚敬业奉献、承担家庭重任的品格也深深地影响了他。

多年之后，他才明白父亲在生活的重压下依然能沉静应对，正是来源于男儿当肩挑天下的豪气。这种豪气像种子一样播撒在钱伟长的心中，也促使他在后来面对人生中"大我"和"小我"的抉择时，总是以"大我"为重。

传承三代的"素书堂"

在钱家大宅中，有一间名为"素书堂"的书斋，父亲与叔父们也曾在这里描红开笔，后来个个博学多才，在传播中华文化方面各有建树。钱伟长的父亲钱挚发展乡村教育，在当时很有声望；四叔钱穆是近现代历史学家、思想家、教育家，赫赫有名的国学大师；六叔钱艺

第一章
坎坷求学路

擅长诗词和书法,登门拜访求其墨宝者多不胜数;八叔钱文善写小品和笔记杂文,常在《小说月报》《国闻周报》发表文章。

叔父们勤奋好学、敬业乐业的言行举止,在幼小的钱伟长心中留下了深刻印迹,使他终身受益。

童年时,钱伟长和祖母住在书斋东面的房间,书斋被隔成了两半,后半间为书房,前半间做客厅。年纪稍大一些后,他在家人的教育下,开始读书认字,而且每天必须完成父亲布置的两项作业:写日记和帮祖母记账。

写日记对钱伟长来说是小菜一碟,但记账就难多了,因为账目涉及柴米油盐酱醋茶,还有布匹、器皿、人名,十分繁杂。在记账的过程中,遇到不会写的汉字,他就用同音字代替。这时,叔叔钱穆总会细心地替他修改错别字,并给他讲解它们的笔画特点和含义。久而久之,对于汉字的结构特点、音形意义等,钱伟长都熟记于心,认识的字也越来越多。

之后,钱穆开始教他写字。为了节省纸张,钱穆把一块方砖的一面磨光,让钱伟长用蘸水的毛笔在上面写字。钱伟长每写一个字,钱穆都会指出该字笔画布局的问题,一个字往往要重复几十遍,直到钱穆首肯后才能写第二个字。经过严格的训练，钱伟长的毛笔字写得越来越好。

祖母有空时，也会陪着钱伟长读由他祖父批注过的《史记》《孟子》，遇到不懂的地方，精通文史的钱穆就会耐心地为他解答。可以说，钱穆就是钱伟长的启蒙老师。钱穆讲解诗文时，从来不翻阅书籍去生硬地解释，而是引经据典、举一反三，力求培养钱伟长独立思考、自主学习的能力和判断能力。

钱穆特别赞同孔子"和而不同"的思想，在指导钱伟长的过程中也努力向他灌输这一理念，教育他要尊重他人的意见，允许他人有自主权，这样才能更好地与他人合作交流，使自己更有进益。

在钱穆的指引下，钱伟长阅读了大量的儒家经典著作，背会了许多古诗文。钱穆对欧洲文学很感兴趣，在他的影响下，钱伟长也开始接触西方文学，读了不少名著，虽然不能完全理解所有的作品，但养成了阅读的良好习惯。钱伟长曾经说过："四叔是我的启蒙之师，是他教会我做人做事的道理，并时常勉励我要志存高远。"

八叔钱文的文章写得精妙，负责教钱伟长作文。钱文的教授方法别出心裁：拿出两期《小说月报》，让钱

第一章
坎坷求学路

伟长给里面的每一篇短文另拟一个简短的题目，越短越好，即便只有一个字也可以。钱伟长从来没有做过这样的"作业"，感觉既新鲜又有趣。钱文在讲解时，首先会说明每篇短文的原意和作者的写作意图，然后指出钱伟长所拟题目的优缺点以及如何改进。

这种生动而新颖的教学方法，使钱伟长对所学内容和学习方法的印象十分深刻，效果也很显著。他入学后的国文课成绩之所以能够出类拔萃，很大程度上得益于钱文别出心裁的启蒙教育。

钱伟长是家中的长孙，叔父们对他的教育都很用心。他们知识渊博，不但拓宽了钱伟长的知识面，而且在教导时也很注重方式方法，可以说是不可多得的良师。其实，钱承沛也是一位非常优秀的老师。钱穆曾回忆父亲教导子女的方法，说自己之所以能在博大精深的中国文化海洋中遨游，正是得益于父亲从小对自己的正确引导和教诲。

钱穆还小的时候，镇上的大小事情多在街口的一个茶馆里商议解决，钱承沛几乎每天晚上都要去那里。一天晚上，钱穆刚随父亲进去，就有一位客人逗他，要求他背诵《三国演义》的"诸葛亮舌战群儒"一段。信心十足的钱穆开始背诵,并配上一人分饰多角的生动表演,赢得了在座宾客的热烈掌声。大家纷纷夸赞钱穆多才多艺,而钱承沛却不动声色地坐在一旁。

第二天晚上,父子二人又去茶馆,途中经过一座桥,钱承沛问钱穆:"你认识'桥'这个字吗?"

"认识!"钱穆不假思索地回答。

钱承沛又问:"'桥'字的偏旁是什么?"

钱穆说:"木字旁。"

钱承沛看了他一眼,接着问道:"把木字旁换成马字旁,你知道是什么字吗?"

钱穆自信地说:"知道,是'骄'字。"

钱承沛意味深长地说:"知道'骄'字是什么意思吗?"

钱穆讶异地看着父亲,回答说:"知道。"

钱承沛温和地笑着,把手搭在钱穆的肩膀上,轻声问道:"那你昨天晚上有没有感觉到自己的言行接近'骄'了呢?"

钱穆听了,低下头,沉默不语,心中泛起一阵羞愧之情。

当时钱穆年仅9岁,钱承沛没有说一句责备或教训的话,仅寥寥数语就让他明白了"骄"字的含义并引以为戒。

第一章
坎坷求学路

钱承沛不仅善于在生活中教孩子一些做人的道理,还注重通过小事培养孩子独立思考的能力。有一次,他让钱挚阅读《国朝先正事略》等书,然后再让钱挚复述湘军平定太平天国的故事。钱挚讲述时,钱承沛中途打断他,说书中有的语句有隐讳内容,又说:"读书应当读出作者的言外之意。他写一个字,背后可能隐含了三个字的意思,写一句话可能就隐含了三句话的内容,这时,你应该开动脑筋去思考,才能领会作者的真意。"钱穆当时也听到了这番教诲,顿时生出求知的喜悦,获益匪浅。

钱伟长和祖父、叔父们一样,后来也成了一名非常优秀的教师,他的教学方法被人们大加称赞。

钱家三代人之所以在教书方面独具禀赋,正是因为真正的博学之士往往善于将最精妙的道理,以最浅显的语言表述出来。他们一家三代都是博学者,而且也都接受了博学之士的教导。

入学前,钱伟长除了跟叔父们学习文化知识,还自学了音乐和围棋。当时,他的六叔钱艺和八叔钱文还在念书,等他们暑假回家后,全家人饭后总是开音乐会,所以钱伟长最盼望暑假到来。多年后,钱伟长对叔父们在素书堂演奏的盛况仍然记忆犹新:

"一到晚饭后,每天有一小时的音乐活动。父亲善琵琶和笙,四叔善箫,六叔好笛,八叔拉一手好二胡。他们合奏时,祖母、母亲、婶母和弟妹都围坐着欣赏,经常有邻居参加旁听。我听久了也能打碗击板随乐。这样的音乐活动,增加了我的节奏感。我长大后,由于专业工作和社会活动过重,并无时间欣赏音乐,也形成不了业余爱好,但乐感和节奏感还是明显存在着。"

除了音乐会,父亲与叔父们的围棋擂台赛,也深深吸引着年幼的钱伟长。钱氏兄弟都精于围棋,每次一有赛事,钱伟长便成了最热情的观众。叔父们见他热情甚高,便让他在一旁计分。叔父们有时也会打谱,像《海昌二妙集》等各种棋谱,都在素书堂的书橱里放着。

当叔叔们不在旁边时,钱伟长就自己打谱。他不敢跟叔叔们对弈,但棋艺还是比学校的同学高明不少,在小学、中学、大学的校内围棋比赛中还得过奖,而且围棋也成了他终身的业余爱好。

叔父们不在家,素书堂就成了钱伟长的天下。身处藏书丰富的书斋,他如饥似渴地汲取里面的文化营养。不管是什么书,也不管看不看得懂,他都如获珍宝,《三国演义》《左传》、二十四史、外国名著等悉数读遍,可以说是博览群书。对钱伟长来说，生活的清苦是可以忍受的，而读书已成为不可缺少的生活习惯，在父亲与叔父们的影响下，他在琴棋书画的文化环境中感受着中华文化的魅力。

刻苦勤俭的少年

生活就像调味剂，酸甜苦辣尽在其中。在钱伟长幼年的记忆中，他几乎没有穿过新衣服，所穿的衣服都是用父亲和叔叔们的旧衣服改的。有的衣服太大，母亲便将腰部的布料往内折起缝好，等他长高了再拆开来继续穿。

钱伟长4岁时，一场不幸又降临到了本已穷困的钱家——钱家大宅遭遇火灾，被烧成了一片废墟，祖先的牌位也化为灰烬。由于钱伟长一家遵从祖训，秉公执事，爱护乡民，因此，钱家遇到火灾后，乡亲们都主动招呼他们到自家借住。

不久，钱伟长跟随家人从七房桥搬到无锡县荡口镇居住。荡口镇的镇南、镇北和镇中共有三所小学，因为他们是住在镇中，所以钱伟长5岁时便进入那里的鸿模小学念书。

尽管家境贫寒，但钱伟长的童年生活过得简单而快乐。无锡一带景色优美，河湖密布，是富庶的鱼米之乡，因此鱼虾很便宜，一分钱就可以在小摊上买到一碗小虾，但钱家囊中羞涩，平时省下来的钱都要用来买粮食，很少买虾吃。钱伟长年纪虽小，却十分懂事，从来不会任性地要求父母买这买那，还经常主动做家务，给家人减轻负担。

买不起鱼虾，钱伟长便趁着炎热的夏天，和小伙伴们一起到浅水处捞鱼虾、摸田螺。其他孩子不时打水仗嬉戏，发出阵阵欢笑声，他却很少玩耍，而是认真地捞鱼虾，因为鱼虾经过祖母和母亲的巧手烹制，便是餐桌上一道难得的佳肴。有时他还会将捕捞到的鱼虾换些零钱贴补家用。

每到万物萌发的春天，鲜嫩的竹笋和野菜纷纷破土而出，懂事的钱伟长便背上小竹篓，和小伙伴们一起兴致勃勃地挖春笋和野菜。春天的田园就像一幅美丽的画卷，明朗的蓝天、清新的花香、曼妙的垂柳、嫩绿的小草，

第一章
坎坷求学路

举目望去，到处充满了生机。挖野菜挖累了，钱伟长便席地而卧，身下有软绵绵的青草，蓝天上有飞翔的小鸟，耳边有潺潺的流水声和亲切的乡音。他热爱哺育自己的家乡田野，同时也向往外面的世界，他的思绪仿佛随着高飞的鸟儿飞向天边……

1919年秋，四叔钱穆受邀到后宅镇筹建泰伯乡第一小学，钱伟长也跟着他一起过去。同行的还有家丁阿庚，他在学校里当校工，顺便照顾钱伟长的饮食起居。白天，钱伟长在学校上课，由钱穆照顾；一日三餐及晚上则由阿庚照顾。就这样，钱伟长在后宅镇度过了两年。

1922年，钱穆被调到厦门集美学校任教，钱伟长也转学到荡口镇北司前弄初级小学，并在第二年升入荡口鸿模小学高小一年级。

镇上的学校自然比村里的私塾进步，还多了算术、自然、音乐等课程。丰富的学校生活使钱伟长的眼界开阔起来，他听课也更认真了。他知道家里经济困难，自己能上学已经不容易，不能辜负父母和亲人们的期望。

不过，钱伟长对算术这门课程不感兴趣，他偏爱语文，每天都花很多时间和精力背书。每天清晨，他都会去镇外的鹅湖，那里经常有渔船扬帆驶过，渔歌阵阵，

第一章
坎坷求学路

悦耳动听；渔民们撒网捕鱼，场面生动有趣。这些情景常常吸引很多孩子去看热闹，但钱伟长从不靠近，而是专心致志地背诵课文，惊人的记忆力使他很快就把课本上的内容背得滚瓜烂熟。

钱伟长的父亲钱挚是家中长子，很早就挑起了照顾全家生活的重担，上奉老母，下养妻儿，还担负着教育三个弟弟的责任。钱伟长的祖父办过私塾，钱挚兄弟靠着家学的根底，也先后做了教员。钱伟长幼年时，全家的主要经济来源就是钱挚和钱穆教书所得的微薄收入。

钱伟长的母亲王秀珍是一个勤劳又善良的农村妇女，每天起早贪黑地操持家务，还养蚕、挑花、糊火柴盒等，想方设法赚钱来补贴家用。

为了减轻家庭负担，钱伟长一边刻苦学习，一边帮助家里干活，他还跟着母亲学会了挑花。挑花一般是女孩子做的活计，但迫于生计，很多家境不好的男孩子也会做。挑出一个椅垫能挣五六分钱，挑出一个窗帘可以挣一两毛钱。钱伟长的手十分灵巧，挑花又好又快，经常受到母亲和邻居们的称赞。

每天一放学，钱伟长就飞奔回家，拿起挑花的绷子，坐在门口的小板凳上，聚精会神地挑花。每天他总要挑到太阳下山，直到看不清绷子上的网格了才肯回屋。回到屋里，他仍会就着微弱的灯光继续挑花。绷在架子上的白线方格网，随着他两只小手麻利地抽针引线的动作，渐渐现出漂亮的花朵。那不是雍容华贵的牡丹，也不是多彩活泼的雏菊，而是开在钱伟长心上的饱含辛酸的苦菜花……

俗话说，穷人的孩子早当家。清贫的生活使年幼的钱伟长早早明白了生活的艰辛，同时也培养了他坚韧不拔的性格。

只有读书，才有出路

小学刚刚毕业，钱伟长便被生活的鞭子驱赶着到了命运的十字路口。

一天，几个年纪稍大的同学来找他玩，几天不见，他们都穿上了惹人注目的崭新制服，颇为神气。刚走进钱伟长家，他们就骄傲地嚷开了："伟长，你看我们都

第一章
坎坷求学路

做事了!"

"你们都在哪里做事啊?"钱伟长还没来得及说话,正在一边挑花的祖母笑着开了腔。

"我在邮局。"一个穿绿制服的同学回答。

"我在铁路。"另一个穿黑制服的同学接着说。

"看我们的制服怎么样?"他们向钱伟长得意地炫耀着。

钱伟长看着他们身上崭新的制服,再看看自己身上打满补丁的衣服,心里很不是滋味,好一会儿才挤出两个字:"漂亮。"

"你们每个月能挣多少钱啊?"祖母又问道。

"两三块钱。"

"哟,不少,真不少啊!"祖母连连点头,向他们投去欣赏的目光,因为在邮局和铁路上工作就等于拿到了"铁饭碗"。

同学们走后,钱伟长默默地拿起绷子,继续挑花。这时,一直没说话的母亲突然对他说:"孩子,你先放下活计。来,妈妈有话跟你说。"

钱伟长放下手中的绷子,走到母亲身边。

"孩子,不是妈妈不愿意让你念中学,家里的情况你也知道，实在是没法子啊……唉，你还是去学点儿手艺吧。"母亲叹了口气，忧心忡忡地说。

钱伟长理解母亲的忧虑。父亲在外面教书，每个月只能寄回几块钱，家里还有弟弟妹妹要养活，根本筹不出学费。如果他去当学徒，起码能暂时减轻家里的负担，三年后出师，就能挣钱了。

"你是要早些养家了，孩子，但不要去做一般的营生。要在邮局当差，或是到铁路上做工，那才是一辈子的'铁饭碗'。"祖母接过儿媳妇的话，用爱怜的语气对孙子说。

钱伟长低头站在一旁，眼眶泛红。他舍不得离开书本和课堂，书本早已成为他的挚友，成为他离不开的伙伴。他渴望升入中学，渴望继续学习，渴望凭借知识出人头地。但看着辛劳困苦的母亲和满脸皱纹的祖母，想到弟弟妹妹们吃饭时那渴望的眼神，他使劲地咬着下嘴唇，努力不让眼泪流出来，只轻轻地"嗯"了一声。

父亲得知这件事后，急忙从正在任教的梅村镇赶了回来。一进家门，他就表明自己的态度："只有让孩子好好念书，才有出路，才不会受人欺负，才能报效祖国。"

"可是学费上哪儿筹啊？你没看家里都已经揭不开锅了吗？"母亲无可奈何地说。

第一章
坎坷求学路

"家里穷,这我知道。但哪怕再穷再苦,也要让孩子上学。学费还是再挤一挤吧。"父亲的态度十分坚决。

值得庆幸的是,1925年,钱挚被无锡荣巷荣家办的公益学校聘为教务主任,薪水待遇有所提高。这样一来,钱伟长上中学的学费问题也随之解决了,因为他可以跟随父亲来到无锡荣巷公益学校就读。

这所公益学校只有小学五、六年级和初中一、二、三年级,钱伟长算是插班生,入学需要考试。幸好只考语文,不考数学,因此他很容易就通过了考试,插在小学六年级的班里。

1926年5月,钱伟长随父亲回到荡口。接下来的半年,是钱家最安乐的半年,一家人其乐融融地生活在一起。这年秋天,钱伟长凭着自己从小对国文的喜爱和努力,考入了无锡国学专修学校。

对于自己在这所学校的学习生活,钱伟长直到晚年仍记忆犹新。在校长、清末大儒唐文治的教导下,他的国学进步神速,进一步接触到中华文化的精髓,对古典文学和中国历史产生了浓厚的兴趣。他后来能写出令世人惊艳的《梦游清华园赋》,也是得益于唐文治的教导。

1927年初,无锡县立初中成立,钱挚被聘为教务主任兼历史老师,钱伟长随父亲进入县立初中一年级就读。

在此期间,钱伟长了解到西方资本主义国家的科学技术正快速向前发展,取得了一系列重大突破:爱因斯坦的"相对论",把人类的视野拓展到了太阳系以外的宏观宇宙;薛定谔等人关于量子力学的理论,也使人们的认识深入原子以内的微观世界……

这些使钱伟长开始思考自己未来的发展方向。传统家庭的熏陶和学习环境的影响,使他自然地倾向文科,而相对疏远理科。科学的大门似乎离他十分遥远。

高中录取榜上的"孙山"

1927年北伐战争胜利后,无锡被江苏的北伐军占领,县立初中关闭,钱伟长不得不跟随父亲回到荡口。

不久,无锡、苏州的许多中学和师范学校进行了改组。1928年,苏州第二中学改组为苏州中学初中部和高中部,各自独立。改组后的国立苏州中学高中部新聘了

第一章
坎坷求学路

校长和教师，其中的文科教师都是地方上的才俊。

另外，为了满足乡村教育发展的需要，政府还成立了无锡县乡村师范学校，由钱挚担任校长。

一个星期六的下午，夕阳的余晖将大地镀上了一层厚重的金色，钱伟长腋下夹着一本《国语》，焦急地穿行在杂乱的人群中，往他和父亲在无锡的居所走去。他推开家门，发现父亲已经回来了，正在看一封信，是在国立苏州中学担任主任教师的四叔钱穆寄来的。

钱伟长一口气读完信，激动地对父亲说："爹爹，苏州中学招生，我能不能去试一试？我想去那里上高中。"

当时小学、初中要读11年，因为连年战乱，钱伟长只断断续续地读了5年，数学没学过四则运算，平面几何只学了不到一学期，立体几何和三角函数根本没接触过，更不要说外语和物理了。在众多科目中，他只有国学、历史学得比较好。

钱挚深知儿子的劣势，沉默良久才说："试一试当然可以，不过不要抱太大希望。那是一所有名的好学校，学生既要学语文、历史，还要学物理、化学和代数。要想进去读书，必须通过严格的考试。你没有接受过正规的初中教育，只是断断续续地念过两年初中，虽然文科

第一章
坎坷求学路

成绩不错,但理科的成绩还差得很远,你有把握考上吗?"

听了父亲的话,钱伟长并未沮丧,哪怕有一丝希望,他也要争取。他向父亲央求道:"爹爹,就让我去试试吧,即使考不上,也可以先了解题目的难度,以后努力才有方向呀!"

看着儿子充满期待的眼神,钱挚不忍心再拒绝了。随后,钱伟长去参加了苏州中学高中部的招生考试。

两周以后,学校发榜了,钱伟长忐忑不安地跑去看榜。他站在一大群学生和家长中间,踮起脚尖,伸长脖子,焦急地寻找自己的名字。他的目光在红榜上扫来扫去,却一直找不到自己的名字,他的脸因为太过紧张而红一阵白一阵,心里像揣了一只兔子,怦怦直跳。他拼命往人群里挤,希望在被挡住的名单中找到自己的名字,直到来到墙根前,他才看见榜文的最后有"钱伟长"三个字。他有点儿不敢相信,连忙用手揉了揉眼睛,又仔细看了一遍,才确信正是自己的名字。

"我被录取啦!"钱伟长兴奋地在人群中跳了起来。他跑回家,把这个好消息告诉了父亲。钱挚喜出望外,但又有点儿半信半疑,于是反复追问消息是否可靠,毕竟儿子的理科实在是太差了。

"是真的！我亲眼看到榜上有我的名字。"钱伟长解释道，然后小心翼翼地说，"不过，我是最后一名……"说着，他不好意思地低下头，红了脸。

"哈哈哈……"钱挚爽朗地笑道，"你这次可成了孙山。古时的孙山应举，所得名次与你一样。但是，孙山毕竟是个才子，后来可以居上嘛！"

听了父亲的话，钱伟长也笑了。

后来钱伟长才知道，他被录取主要是因为他出色的国文成绩。他的文章写得很好，国文得了第一名。当时还有人怀疑是时任国文首席教师的钱穆私下向侄儿漏了题，苏州中学高中部的校长还特地派人到无锡调查，得知钱伟长的国文成绩一向优异，也就没有再怀疑了。

丧父引发的失学危机

钱伟长考上高中的好消息，并没有让家人高兴太久，家里窘迫的现状使他陷入了两难的选择：上高中的机会

第一章
坎坷求学路

难得，但高中的学习费用很高，家里实在无力负担。一方面是家中艰难的生计，一方面是自己的前程，钱伟长在矛盾中进退两难。

自从北伐军攻占无锡后，多数学校被迫关闭，钱挚和钱穆也赋闲在家，没有了收入。幸好当时六叔钱艺、八叔钱文已经从中学毕业并找到了工作，而且钱艺在商务印书馆当编辑，每月有40块钱的工资。

1926年，钱艺、钱文分别结婚成家，在荡口镇北租房另住。1927年军阀孙传芳兵败后，将荡口镇北的居民财物洗劫一空，新婚不久的钱艺和钱文也未能幸免。之后，种种不幸又降临到了钱穆身上，先是1928年1月幼子夭折，继而妻子于5月病逝。半年之内丧子失妻，令他悲痛至极。

一系列的打击，使钱家的生活举步维艰。祖母和母亲都认为，钱伟长初中毕业后应该马上工作，帮助家里渡过难关。但钱挚和钱穆都不赞成让钱伟长辍学，他们认为自己这一代人为了生活，只念了中学，虽然也很努力，但终究比不上念过大学、留过洋的人目光长远，所以坚持要让钱伟长读高中、念大学。

在父亲和叔父们的劝导下，祖母和母亲终于同意了。

钱伟长如愿以偿地踏入了国立苏州中学高中部的大门，他暗暗下定决心，一定要努力学习，考上大学。

转眼开学的时间到了，因为钱伟长从来没有去过苏州，父亲决定亲自送他去上学。

临行那天，天气阴沉，后来淅淅沥沥地下起了小雨。父子俩撑着一把破伞来到码头，上船后，他们在人头攒动的船舱里好不容易找到一处容身之地。

宽阔的大运河笼罩在蒙蒙细雨中，凉风透过船舱那不大的窗口钻进舱内，夹杂着细小的雨珠，朝人们身上扑来，给船舱带来阵阵寒意。钱挚打了个冷战，紧接着就是一阵阵让人揪心的咳嗽。钱伟长关切地拍打着父亲的后背，焦虑地看着父亲那布满皱纹而又蜡黄的脸，内心涌起一阵酸楚。

当时钱挚已经病了好几个月，久经医治仍不见起色。"唉，时世艰难呀！"停住咳嗽的钱挚长长地出了一口气，把儿子拉得更靠近自己，费力地说，"你今天能进苏州中学，机会很难得，一定要好好珍惜。那里有许多声名赫赫的优秀教师，你应当好好向他们学点儿真本事。家里不管多么困难，都会供你上完高中。你把功课学好，以后成为一个有教养、有知识的人，我们的心血就不会白费，全家人都会为你高兴……"话未说完，又是一阵让人揪心的咳嗽。

"古往今来，苏州、无锡一带出过不少文人名士。人们说这里人杰地灵，其实是欺人之谈。这些文人名士，哪一个的成功不是从勤学苦读中得来呢？"咳得脸色通红的钱挚继续说道。他一口气列举了许多名人，讲述他们成功前走过的艰难道路。

钱伟长用心听着父亲的谆谆教导，不时点头称是。他把父亲的嘱咐牢牢记在心里，暗暗发誓一定不辱父命、学有所成。

"当然，我不期望你能一举成名，只希望你在苏州中学勤奋学习，毕业的时候不再是榜上的'孙山'，我就安心了。"钱挚微笑着抚摸钱伟长的头，温和地说。

钱伟长鼻子一阵发酸，他想向父亲剖白自己心底的豪情与志向，但又难以启齿。半晌，他才低声坚定地说："您放心吧！"

让人意想不到的是，这次苏州之行竟是父子二人的永别，而时常回响在钱伟长耳畔的那番嘱咐也成了父亲的遗言。

1928年10月，钱伟长进入苏州中学高中部还不到一个月，钱挚就病逝了，年仅39岁。当时钱伟长的母亲41岁，还怀有身孕，钱伟长也只有16岁。

父亲走了，留给家人的只有一柜子书。他的辞世给钱家带来了沉重的打击，使这个家像是失去了顶梁柱的房屋，摇摇欲坠。

在钱伟长心目中，儒雅的父亲就像一座大山，为自己遮风挡雨，是自己的避风港。接到噩耗后，他悲痛而焦虑，迫不及待地返回家中，并且做好了退学的准备。他想起父亲就是在自己这个年纪挑起家庭的重担，自己作为长子，现在也应该像父亲那样担起照顾家庭、抚养弟弟妹妹的责任了。

在这艰难的时刻，钱伟长的祖父筹建的七房桥钱氏怀海义庄起了很大作用。按照义庄的规定，钱伟长的母亲和弟弟妹妹们每人每月可以领一斗米、一贯钱的生活补贴。这对钱家来说无异于雪中送炭。

得知钱伟长想要退学，四叔钱穆坚决反对，并承诺负责他的学费。这不仅出于长辈的关爱，更是对大哥的责任。钱挚临终前叮嘱说："无论如何都要让伟长读书，我们钱家要在第三代培养出一个大学生……"于是，在父亲离世半个月后，钱伟长又回到了苏州中学高中部，

第一章
坎坷求学路

并且比以前更加努力地学习了。

这段时间，钱伟长常想，父亲不到15岁就以稚嫩的双肩勇敢地挑起生活的重担，他对家人的责任心是令人敬佩的；父亲还在家乡创办多所学校，为家乡的教育发展做贡献，他发展教育的豪气是令人赞叹的；父亲经常对子女谆谆教导，叮嘱自己好好学习，考取大学……钱伟长暗暗下定决心，要像父亲那样，有责任心，有奉献精神，学有所成，将来干出一番事业。

伴随一生的"开夜车"习惯

在苏州中学高中部的三年，钱伟长过得既充实又紧张，他努力学习各门新课程和各种新知识，成绩不断提高。

学校的老师个个都很优秀，他们知识渊博，博古通今，加上精湛的讲授方法和负责的教学态度，使钱伟长的学习热情空前高涨。他唯一头疼的是那些枯燥且复杂的公式、定律、推理和演算，但他知道，不管多困难、多吃力，都必须克服。为此，他把所有的时间和精力都放在了学习上。

苏州地处秀丽的江南水乡，风景如画，古典园林闻名于世，但钱伟长在高中三年里从未认真地游览过，只去过沧浪亭，还是因为当时的苏州市图书馆设在那里。他把时间都用来学习了。每逢周日，其他同学相约出去游玩，他则雷打不动地出现在自习室，埋头学习那些自己不擅长的理科课程。

高中三年，刻苦的钱伟长养成了"开夜车"的习惯。而这个习惯的养成，还是受他的数学老师严晓帆的影响。

在一节数学课上，身穿灰色长袍的严晓帆老师和往常一样，严肃认真地在黑板上写下一道数学题，然后询问有没有同学愿意自告奋勇上台解答。教室里鸦雀无声，同学们有的紧锁眉头望着黑板，有的埋头演算，久久不见有人答话。大家小声地议论这道题，但从他们的表情可以看出，没有人能解答出来。

这时，一直埋头演算的钱伟长小心翼翼地举起了手。他脸色微红，但眼神坚定且充满期待，声音微颤地说："严老师，我还没有解出来，但可以让我上去试试吗？"同学们听了都面面相觑，十分惊讶。

第一章
坎坷求学路

严老师向钱伟长投去赞许的目光，示意他上台。钱伟长走上讲台，认真地在黑板上演算着，不一会儿就写了半块黑板。他停下来检查了一遍，又出人意料地把那些算式擦掉，重新演算，如此反复好几次。

时间一分一秒地过去了，十多分钟后，钱伟长依然没有得出答案，他转过身来，窘迫地对严老师说："老师，这道题容我课后做行吗？"严老师微笑着点了点头。

晚自习时，教室里异常热闹，同学们三三两两地坐在一起，热烈地讨论着，只有钱伟长一个人默默地埋头演算，草稿纸上全是密密麻麻的算式和数字。他还在演算白天的那道题，但直到晚自习结束，他都没有解出来。

学校的作息制度很严格，学生们在熄灯铃响后纷纷离开教室，钱伟长也失落地回了宿舍。他没脱衣服躺在床上，辗转反侧，一直在思考，突然有人拍了一下他的肩膀，他翻身一看，竟然是严晓帆老师，于是赶紧下床立在床边，恭敬地问道："严老师，您找我有事吗？"

严老师微笑着说："没什么事，就是来问问你白天那道题做出来了吗？"

"还没有。"钱伟长不好意思地小声回答道。

"那就先放一放吧，你今天的作业做得不太好，有很多错误，我已经把它们指出来了，你看一下能不能自己改过来。跟我来吧！"严老师温和地说。

来到严老师的宿舍后，钱伟长在严老师的指导下开始检查自己的作业，发现很多地方都是因为自己粗心大意而做错了，他想自己一定是白天太专注于那道难题，所以马马虎虎地完成了作业。想到这里，钱伟长羞红了脸，连忙把错误一一改正过来。等到钟敲响11点时，他终于把错题改完了。

这时，一直在旁边认真批改作业的严老师对他说："伟长，夜深了，改完就早点儿回去休息吧，明天才有精神上课。"钱伟长把改好的作业恭敬地交给严老师，然后回了宿舍。半夜他醒来时，发现严老师的屋里还亮着灯，一股敬意油然而生。这件事无形中拉近了他与严老师的距离。

第二天晚上，自习室熄灯后，钱伟长敲响了严老师宿舍的门。严老师打开门，惊讶地看着他，问道："伟长，这么晚了，找我有事吗？"

"老师，今天我的作业还需要改正吗？"钱伟长恭敬地问道。严老师放下手中的红笔，微笑着说："不用，今天的错误比昨天少了很多。"他招呼钱伟长坐下，接

着说,"伟长,我看你在数学上很有前途。你聪明,也肯用功。当然,钻研数学最主要的还有两点:一是不能作假,这一点你是能够做到的;二是要认真,学数学马虎不得,这一点你还需要继续努力,要养成认真的习惯。"

"是,我一定照您的话去做。"钱伟长郑重地回答道,还是没有离开的意思。严老师问他还有什么事,他局促地用手搓着衣角,低声问道:"我……我能在您这里看会儿书吗?"

"行啊,当然可以!"严老师笑着站起来为钱伟长收拾桌子,并搬来一张凳子,嘱咐道,"不过,你不能看得太晚,11点之前一定要回去睡觉。"钱伟长高兴地点了点头。

从此,在严老师的宿舍里,就有了钱伟长一个固定的座位,也正是从这时起,他养成了"开夜车"的习惯,并将这个习惯保持了一生。

第二章 少年有壮志

钱伟长来到外滩公园门口,打算进去休息一会儿。铁栅栏大门旁边一块醒目的牌子吸引了他的目光,"华人与狗不得入内",看着这几个字,他感觉全身的血液直往上涌,愤怒使他全身剧烈地颤抖起来。

被破格录取的文科状元

中国的文学和历史博大精深,就像一片浩瀚无边的海洋,而钱伟长就是这海洋中自在遨游的鱼儿。

刚到苏州中学上高中时,钱伟长对代数、几何、物理、化学、生物和英语等课程非常陌生,因为有的科目他在初中根本没接触过,有的没有系统学习过,所以学起来十分吃力。每次上这些课程,他都提心吊胆,害怕老师提问自己。而文学、历史和地理,他学起来就轻松多了。

当时,钱伟长的四叔钱穆也在苏州中学教书,担任国文老师,他从《诗经》讲到《史记》,从六朝文赋讲到唐诗宋词,从元曲讲到桐城学派。对钱伟长来说,四叔的国文课就像一场视听盛宴，是一种美的艺术享受。杨人楩的外国史课，讲法国大革命的故事；吕叔湘的中国史课，讲历代王朝的更替、文臣武将的韬略。这些对钱伟长来说，似乎有着天籁般的节奏、神话般的壮丽，强烈地吸引着他。地理老师陆侃舆和蔼可亲、循循善诱，总是耐心地教学生画分省地图，画铁路、公路，画河流、湖泊，画高山、大海。这种地图上的"旅行"，也使好奇心强烈的钱伟长感到别有一番趣味。

由于在文科学习上得心应手，钱伟长梦想自己将来成为一名文学家或历史学家。每读完一本书，他都会认真地把自己的感悟写下来。正是这些笔记，激发了他写作的欲望。刚上高三，他便用自己积累的资料，写出了人生中的第一篇科学论文——《春秋战国时期日食考》。

写成之后，他又找了很多外国的日食记录来验证文中材料的可靠性，做了一番去伪存真的修改。老师们对这篇论文给予了很高的评价，把它当作范文放在阅览室里，供其他学生参考学习。

这篇论文获得了江苏省高中论文奖。正是从这篇论文开始，钱伟长触摸到了把文学与科学联系起来的纽带。

1930年秋，在历史学家顾颉刚的推荐下，钱穆受聘

第二章
少年有壮志

到燕京大学开授国学课。1931年夏,钱穆又被聘为北京大学副教授,教授中国上古史、秦汉史和中国近百年学术史,同时在清华大学兼课。钱伟长恰好高中毕业,钱穆从北京来信,嘱咐他到上海多报考几所大学。钱伟长每天在报纸上搜集招生广告,最后报考了清华大学、中央大学、浙江大学、交通大学和武汉大学,并且全部通过。

选择学校的时候,祖母和母亲想让钱伟长上南京的中央大学,这样离家近点儿。但钱穆认为清华大学是最佳选择,那里师资雄厚,是全国闻名的高等学府。钱伟长听从钱穆的建议,选择了清华大学。

钱伟长之所以能同时被五所大学录取,得益于当时的考试科目与制度。如果这些学校都考数理化和英语,钱伟长很可能一所大学也考不上,因为他偏科太严重了。幸运的是,当时各大学的入学考试均由学校自主命题,而且不分科录取,只看总分。钱伟长虽然数理化和英语成绩差,但他的国文和中国史成绩却十分优秀。

清华大学入学考试的国文、历史的出题人是历史学家、清华大学教授陈寅恪。在国文考试中,有一道题目是对对子,上联是"孙行者",要求考生对下联。陈寅恪设置的标准答案是"胡适之",有个考生写的是"祖冲之",陈寅恪觉得这个答案也很恰当。作文题目是"梦游清华园赋",有一名考生写得文采斐然,陈寅恪毫不吝啬地给了满分。

这个厉害的考生就是钱伟长。钱伟长从未到过清华园,但他凭借丰富的想象力和文学天赋,仅用45分钟便写出了一篇行文流畅、气势恢宏的《梦游清华园赋》。

陈寅恪把这份满分的考卷拿给钱穆看。钱穆觉得笔迹十分眼熟,像是侄子钱伟长所作。放榜后,果然就是钱伟长。后来,这篇让大家惊奇的《梦游清华园赋》被刊登在清华大学周刊上。

钱穆觉得这篇赋写得过于张扬,还批评了钱伟长,告诫他不要那么锋芒毕露。但多才的钱伟长一直没有学会藏拙,以至于在后来的人生道路上遭遇了许多坎坷。

历史考试的题目是写出二十四史的名称、作者、卷数和注者。这道题难倒了许多考生,而钱伟长从小博览史书,做起来自然得心应手,结果他的历史也考了满分100分。历史系的教授对钱伟长的答卷特别满意,希望他到历史系学习;而中文系的杨树达教授很欣赏钱伟长的那篇作文,希望他到中文系学习。

不过,钱伟长的理科成绩很糟糕,数理化三科分数加起来只有 25 分,而其他同学都在 200 分以上,钱伟长英文考得也不好,但他最终以总分第七名的成绩被清华大学录取。

像钱伟长这样以文理悬殊的成绩进入清华大学的考生早有先例:1929 年,钱钟书考入清华大学,数学成绩是 15 分;1930 年,吴晗被清华大学录取,数学成绩是 0 分。正是清华大学的不拘一格,才成就了中国文化史上一颗颗闪耀的明星。

试想,钱伟长以如此惊人的文科成绩进入大师云集的清华大学,如果没有改学物理,势必会成为一位出色的国学大师。但他后来改变方向,选择了物理,这让很多人感到迷惑,而迎接他的又会是怎样的未来呢?

为救国弃文从理

多年来,钱伟长一直把自己的奋斗目标锁定为文科,憧憬在不久的将来成为中国的文学家或史学家。参加完入学考试后，从考场出来，他如释重负，漫无目的地来到外滩散步。而这次散步，成了他人生道路的重要转折点。

钱伟长来到外滩公园门口，打算进去休息一会儿。铁栅栏大门旁边一块醒目的牌子吸引了他的目光，"华人与狗不得入内"，看着这几个字，他感觉全身的血液直往上涌，愤怒使他全身剧烈地颤抖起来。

作为一个血气方刚的中国人，他感觉自己蒙受了奇耻大辱，恨不得冲上去砸碎这一切。他知道，这块牌子只是一个标识，中华民族近百年遭受的屈辱难以尽数。他痛恨帝国主义列强对中国的蹂躏，也对中国政府的腐败无能感到愤怒和悲哀。帝国主义列强为什么敢欺负我们？因为他们比我们强大，而他们强大的力量源于科学的进步。中国的科技水平落后，落后就要挨打，所以，我们要努力发展科学。只有依靠科学，祖国才能强大起来。

1931年9月，钱伟长怀着求知的渴望来到清华大学。就在他迈入大学的第三天，9月18日，日本帝国主义悍然发动"九一八"事变，不久东北三省沦陷，民族危机感弥漫在整个清华园上空。年轻气盛的学子们热血沸腾、义愤填膺，为了反对政府的不抵抗政策，他们在圆明园举行了集会，钱伟长也报名参加了。

第二章
少年有壮志

那是一个秋风萧瑟的日子，站在圆明园遗址上，钱伟长的心头之痛越发难以抑制。这个举世闻名的皇家园林，这个凝结了几代中国人民心血的文化瑰宝，如今满目疮痍，只剩下断壁残垣，屈辱感再一次涌上他的心头。

当时清华大学招生考试并不分系，录取之后考生可以根据自己的专长选择专业。钱伟长决心弃文学理，走科学救国的道路。在室友殷大均和何凤元的建议下，他选择了物理系。

清华大学物理系的吴有训教授是著名的物理学家、中国近代物理学研究的先驱、中国物理学会的创始人之一。他曾到美国芝加哥大学留学，跟随康普顿教授（1927年诺贝尔物理学奖获得者）从事物理学研究。从1928年8月起，吴有训历任清华大学物理系教授、系主任，理学院院长。

钱伟长选择物理系，也可以说是出于对吴有训的敬仰，慕名而来。清华大学物理系一般只招收10人左右，但钱伟长这一届却有99人选择物理系。对于理科总分只有25分的钱伟长来说，进物理系的确不太现实，所以吴有训在注册选系的第二天就找他谈话了。

吴有训耐心地劝他："你的数学、物理和英文考得都很差，但你的历史和国文都是满分，你的文章也全校闻名。根据你的情况，中文或者历史都是更好的选择啊！"

倔强的钱伟长却坚定地回答："要打仗，中文、历史都派不上用场。中国老吃败仗就是因为飞机大炮不如人家。我要读物理！"

吴有训的态度也很坚决，他表情严肃地说："物理系每年就收这几个学生，你以这样的理科成绩进物理系，会占别人的名额。想造飞机大炮可以，但要让那些在这方面有才能的人去造。你觉得自己是这方面的人才吗？我和陈寅恪教授、杨树达教授都很熟，从没听说历史、国文不能救国的！"

尽管吴有训语气坚决，但钱伟长并没有气馁，执拗的他每天早上6点就等在吴有训的办公室门前，只要吴有训一到，他就紧随其后，"软磨硬泡"，弄得吴有训无可奈何。

钱伟长还聪明地找来理学院院长叶企孙教授做"后援"。叶企孙很赞赏钱伟长的做法，认为国难当头，年轻人能为救国而弃文学理，理应支持。他得知钱伟长物理学得不好，还笑着鼓励他说："物理这东西，其实跟历史一样。《史记》中有'太史公曰'，物理定理也像'太史公曰'一样，但需要融会贯通，不能死记硬背。"

叶企孙还建议钱伟长请钱穆帮忙疏通文史两系的教授，以求得到教授们的谅解和支持。因为中文系的杨树达教授非常看好钱伟长在文学方面的前途，认为他除了英文比较差，国文甚至可以和钱钟书相媲美。陈寅恪教授也认为钱伟长的文史基础很好，学文科更有前途。

钱伟长听从叶企孙的建议，告诉四叔钱穆自己决定弃文学理。钱穆认为侄子能够从国家利益出发选择学习方向，是个有抱负的青年，于是答应代为说服陈寅恪和杨树达两位教授。最终，教授们都被钱伟长的执着和爱国热情所感动。

之后，吴有训私下向钱穆等人打听钱伟长的品性，得知他勤奋刻苦、坚韧不拔后，终于放下心来。他对钱伟长说："你可以进物理系，但有个条件，那就是一年级结束时，你的数理化成绩必须每科达到 70 分以上。如果达不到，就得转回中文系。"为了能够留在物理系，钱伟长坚定地答应了。

第二章
少年有壮志

跻身"清华五虎将"的小个子

20世纪30年代,学生大都穿长袍,因为那时穿长袍是体面的象征。但钱伟长直到要去清华大学报到时,还没有一件像样的长袍,婶母就把给别人做的一件长袍拿给他穿。1931年9月16日,钱伟长穿上了平生第一件崭新的长袍,但这件不合身的长袍却使他显得更加矮小了。

按照规定,新生报到第一天要到体育馆进行体检。主管这项工作的是从事体育教学的马约翰教授。体检的第一项是量身高,标杆的起点是1.5米,但钱伟长从小体弱多病,得过疟疾、肠胃病和伤寒等疾病,加上缺乏营养,19岁的他身高只有1.49米,站在标杆下还不到起点的高度。

"Out of scale!"马约翰教授惊奇地喊道。钱伟长英语很差,不知道他在喊什么,后来有人告诉他,意思是不合格。接着是测体重，体重过轻；测肺活量，肺活量不足。钱伟长站在测量器上那滑稽的样子，引起了一些调皮的同学的哄笑。

钱伟长担心体检不合格，清华大学会拒收自己，决心在最后一个体检项目——跑步上加把劲。跑步需要绕着操场跑一圈，大约400米。跑步口令一下，钱伟长拔腿就跑，拼命地往前冲，一圈跑下来，他几乎气绝，当场躺在了操场上。

马约翰教授被这个瘦弱的小伙子的拼劲打动了，笑着对身边的夏翔先生称赞道："这个小伙子不错，很有拼劲，体能虽然不及格，但可以锻炼嘛！"就这样，身高不到1.5米的钱伟长成了当时清华大学史上个子最矮的新生。

清华大学非常注重学生的体质，强调体育锻炼，但许多新生不愿意参加，于是就诞生了一个名叫"拖尸"的不成文的"规矩"。每天下午一到体育锻炼时间，就有高年级的学生专门到图书馆、教室和宿舍，拉那些不爱运动的新生去参加体育锻炼。

瘦小的钱伟长一开始也属于"不爱动"一族，在他看来，锻炼是浪费时间，应该抓紧时间读书才对。为了

第二章
少年有壮志

逃避锻炼，他还跟高年级的学生玩过几次"捉迷藏"的把戏。但是不久后，一个偶然的机会却使他在操场上一显身手，甚至惊人地达到了运动员的水准。

1931年冬，清华大学举行年级越野锦标赛。比赛即将开始，其他年级的代表队和啦啦队都已经各就各位，只有一年级的队伍因为队员迟到还待在场外。就在大家急得团团转的时候，钱伟长抱着一堆书从图书馆走出来，穿过操场准备回宿舍。几个队员像看见了救星一样，赶紧向他跑去。越野队队长一把拉住钱伟长，气喘吁吁地说："比赛就要开始了，但咱们年级还差一个队员。快，你就来凑个数吧！"其他几个同学没等钱伟长说话，拉着他就走。

完全没有体育比赛经验的钱伟长不由得慌了神："不……不行，我哪行啊！"可已经由不得他了，几个同学七手八脚地帮他脱下长袍、布鞋，换上队服、球鞋。钱伟长无奈，只好硬着头皮上场。

哨声一响，早已整装待发的40名运动员冲了出去。他们要从校外绕一个大圈，再回到清华园，全程4000多米。从未参加过长跑的钱伟长跟着其他队员奋力奔跑，但他平时没有参加过训练，很快脸就变得通红，感觉腿像灌了铅似的迈不开,呼吸也开始不畅,喉咙发干,头脑昏沉。但他没有停下来,而是咬紧牙关,以顽强的毅力拼命向前冲。

比赛结果让大家感到十分惊讶,钱伟长居然得了个中等名次。

这次比赛后,马约翰教授破格将这个瘦弱矮小的年轻人选入校越野队。他认为越野赛最需要的就是意志和耐力,而钱伟长恰恰具备这两种特质。钱伟长也通过这次比赛增强了自信心,爱上了体育运动。

自此以后,每天下午4点30分到6点,不管风吹雨打,钱伟长都坚持到操场上跑步训练,并给自己设下训练目标:每两天跑一次颐和园,往返路程约4000米;每两周跑一次西直门,往返路程约8000米;每月坐车前往天安门,以此为起点,跑回清华园,全程约12000米。

他永远记得马约翰教授的教导:体育运动,锻炼体质是次要的,更重要的是锤炼自己的意志,通过坚持不懈的努力,不断克服缺点,战胜自我。

在日复一日的训练中,钱伟长的体格日渐强壮,身高也从1.49米长到了1.65米。他所在的越野队,代表清华大学连续5年获得北平市大学运动会的冠军。钱伟

第二章
少年有壮志

长还被称为"清华五虎将"之一。

起初钱伟长重点练习的是越野和低栏项目,之后又参加了足球、长跑和十项全能。除了经常参加学校的运动会,他还多次代表清华大学参加校际比赛,成了全校闻名的体育健将。

这以后,钱伟长几乎没有停止过体育锻炼,即使是在时间紧张的考试前,也雷打不动地坚持。在以后的几十年里,他深刻体会到,科学研究是一项非常艰苦的脑力劳动,而从事科学研究和在运动场上进行体育比赛一样,都需要坚强的意志、持久的耐力和奋勇向前的精神。

物理系的"拼命三郎"

钱伟长进入物理系时,吴有训教授提出的条件并没有让他有任何动摇,反而让他更加坚信自己的选择,决心用勤奋和刻苦达成目标。当然,理想实现起来并不容易。

当时,理学院的教授都用英语授课,教材和参考资料也都是英文版。钱伟长的英语本来就差,根本看不懂这些高深的大学课本,最让他心惊胆战的莫过于老师的课堂提问。

为了能够听懂课、看懂书,钱伟长向英语发起了"猛攻"。课前、课后、饭前、饭后、走路时、临睡前,他手里无时无刻不拿着一本英语单词书,争分夺秒地学习。同学们每次见到钱伟长,发现他不是在轻声朗读课文,便是在默写单词。置身于物理系这个人才辈出的环境中,钱伟长知道自己要想进步,必须付出比别人更多的努力。

"书山有路勤为径,学海无涯苦作舟",每次在学习上遇到困难,他就会想起自己进入物理系的初衷,想起自己立志科学救国的信念,想起清华大学"自强不息,厚德载物"的校训。

这一年,他每天的睡眠时间只有5个小时。清晨6点,很多同学还在睡梦中,钱伟长已经悄悄起床,抱着厚厚的书本离开宿舍,到教室学习,这是他给自己规定的"早自习";晚上10点,宿舍熄灯,只有卫生间的灯还亮着,他便坐在卫生间的一角,在微弱的灯光下继续学习,直至深夜。

因为英语基础薄弱,钱伟长看英文教科书时,经常

第二章
少年有壮志

需要查字典。不到一年时间，那本厚厚的英文字典就被他翻得破烂不堪。有志者，事竟成。凭着这股拼劲，他的英语很快就赶了上来，终于能够看懂课本的内容，听懂老师的提问和讲解。

钱伟长一度认为自己是清华大学校园里最用功的学生，但有一天清晨，他像往常那样来到教室上"早自习"。刚到教学大楼门口，他就看见一个又瘦又高且头发蓬乱的年轻人夹着书本，一瘸一拐地从大楼里走出来，悠闲地散步去了。他不禁暗暗惊奇，竟然有人比自己起得还要早。

第二天早上，晨光熹微，钱伟长又从宿舍往教室赶，远远就看见教学大楼的一个窗户里透出微亮的灯光。他心里猜到了几分，悄悄走到那间教室门口，只见那个年轻人正坐在里面专心致志地看书，看样子他已经来了很长时间了。

钱伟长内心的敬意油然而生，同时又很好奇这个人的身份。经过打听他才知道，这个年轻人是数学系新来的助理教员，也就是日后中国著名的数学家华罗庚。他还得知华罗庚中学时数学成绩并不好，现在能成为清华大学数学系的助教，完全靠自学，利用业余时间旁听数

理化课程，所以每天很早就起床了。

华罗庚刻苦钻研的精神激励着钱伟长，使他比以前更勤奋了。经过三个月的努力，他读完了中学时落下的数理化课程，并且补上了大学的课程。一年以后，他所有科目的成绩都达到了 70 分以上。

在一同转入物理系试读的 5 名学生中，只有钱伟长一人达到了吴有训教授的要求。吴有训教授在惊讶的同时，也非常满意和欣慰，从此格外注意这个浑身充满闯劲的年轻人。

读书要用功，更要得法

尽管清华大学的老师会在课堂上布置很多作业，但钱伟长对此并不满足，他不断给自己提出更高的要求，设立更长远的目标，其中一项就是多读书。

清华大学图书馆的藏书非常丰富，一有时间，钱伟长就到图书馆去读书，贪婪地从物理学大师们的著作中汲取知识。牛顿、马赫、麦克斯韦、伦琴、爱因斯坦等，都是他在书籍海洋中的老师。他沉迷在钻研科学的快乐中，甚至连钟爱多年的文学、历史都被搁置一边了。

一天下课后，钱伟长从教室来到图书馆，怀里还抱着一堆刚刚看完的书。在走廊里，他碰巧遇到了吴有训教授。吴有训看见他怀里的书，笑着问道："钱伟长，听说你最近读了不少书，是吗？"

钱伟长谦虚地点了点头。吴有训又问："读书时发现了一些什么问题？"

钱伟长不好意思地摇了摇头。吴有训的脸色变得严肃起来，语重心长地说："你不要以为写在书本上的东西都是正确的，都已经完善了。如果这样，你读书时就只能装别人的知识，而不会创造，钻研就不会有所突破，对科学也不会有什么大贡献。你读书的时候，应该注意一下：作者的分析是否全面，结论是否正确，他的观点还能引申到哪些方面。这样，每读一本书，就可能会发现一些新问题，将来才能有所创造。"

吴有训这番意味深长的教导，为钱伟长打开了读书的新思路，使他明白读书不但要用功，而且要得法，还应有总结、有发现。

第二章
少年有壮志

吴有训的教学方式，也令钱伟长印象深刻。吴有训上课不是照本宣科，而是将物理课程分成100多个题目，每节课讲一个。比如"质量"这个题目，他会从质量的概念讲起，循循善诱，先利用多个例子讲述质量的定义，再进行多个实验来论证自己所讲的课题。他还会指定一些必读书目，让学生们阅读，以加深对所学知识的理解。

钱伟长认为，吴有训教授的教学过程，如同带领他们欣赏一首优美的诗词，将人们认为沉闷的物理课变成了一种探索与享受。

这以后，钱伟长总是随身携带一个小本子，把自己在读书过程中的疑问写下来，久而久之，小本子上的问题越来越多。后来，他对这些问题进行梳理，把那些既有意义又在自己解决范围内的问题集中起来，进行深入思考和研究。

钱伟长曾把自己比作一株小草，清华园便是培育他的沃土，他在这里蓬勃生长，养成了挺拔向上、自强不息的精神。

在吴有训教授的指导下，钱伟长选修了数学系的高等分析、复变函数、微分几何，以及化学系的有机化学、定量分析等科目，这使他受益匪浅，思维能力和逻辑能力都得到很大提升,为日后的科学研究工作打下了坚实的基础。

转眼间,钱伟长升入大四,即将告别充实而难忘的大学生活。在这最后一年,他取得了优异的成绩。在吴有训教授的指导下,他和同学顾汉章合作完成了一篇论文——《北京大气电的测定》,并于同年6月在青岛举行的物理学年会上宣读。这是钱伟长从事科研工作的"开山之作"。

1935年夏,钱伟长参加了两项考试:中央研究院南京物理研究所的实习研究员考试和清华大学物理系的研究生考试。结果两项考试都顺利通过。

考虑到自己上有寡母,下有幼妹(弟弟于1930年不幸夭折),钱伟长决定去中央研究院南京物理研究所当实习研究员,这样每个月可以拿到100元工资;而清华大学物理系的研究生每个月只有60元津贴。

不过,钱穆不同意钱伟长就此终止学业,他对钱伟长说:"伟长,你读完大学,按说已经了结了你父亲和我的心愿。但你在物理学方面的天赋,大家都有目共睹。所以,你不读研究生,就不算是真正完成学业,还是继续读书吧。家里的事情你不用担心,有我在呢!"看着四叔鼓励的眼神,钱伟长感激地点了点头。

紧接着,吴有训教授又给钱伟长带来一个激动人心的好消息:由于考试成绩优异,钱伟长获得了每年300元的"高梦旦奖学金",连续3年。要知道,这笔奖学金每年仅资助一人。

就这样,钱伟长顺利成为清华大学物理系的研究生,主攻X光衍射,导师就是吴有训。读研期间,钱伟长没有局限于X光衍射的研究,还跟随其他教授做了很多课题,比如研究溶液理论、铈的原子光谱学,以及气体的状态和弱性薄板的弯曲等问题,并取得很大的成果。

如果说钱伟长在上清华大学之前,在家庭环境的影响下养成了坚忍、勤奋的品质,那么清华大学赋予他的不仅仅是坚实、宽广的学科基础,还有认真、严谨的科研态度,这让他逐渐成长为一位优秀的科学家。

在清华大学度过的7年,是钱伟长一生中最难忘的7年,直到花甲之年,他依然不时回味那段忙碌而充实的快乐时光。

南下宣传抗日

1935年12月9日,中国爆发了"一二·九"抗日救亡运动。北平数千名学生在中国共产党的领导下,举行了声势浩大的抗日救国示威游行。国民党政府预先得知情况,迅速下达戒严令,在一些主要街道设置了路障和岗哨。游行当天,部分学生被军警阻拦,双方一度发生冲突。

此时,钱伟长正在清华大学读研究生。作为一名爱国青年,他自觉加入了这场轰轰烈烈的学生运动,和同学们一起参加示威游行。在凛冽的寒风中,青年学生一齐高喊"停止内战,一致对外""反对华北五省自治""打倒日本帝国主义"等口号,迈着坚定的步伐向市区挺进。令人愤怒的是,反动军警竟然关上了西直门,游行队伍被挡在西直门外,无法进城。

傍晚时分,一些进城游行的学生设法冲出重围,回

第二章
少年有壮志

到学校,同时传来消息说,军警用刺刀、水龙头、棍棒和皮鞭,对手无寸铁的学生进行野蛮镇压。钱伟长想象着那些血腥残忍的画面,禁不住怒火中烧。12月16日,他再一次义无反顾地走出实验室,加入示威的队伍中。

不久,清华大学学生救国会接到北平学生联合会的通知,准备组织一支南下的抗日自行车宣传队,在1936年1月15日前到达南京,揭露蒋介石接见所谓"学生代表"的真相,撕下他的伪爱国面具,揭露其卖国的丑恶嘴脸;同时进一步揭露日本侵略者企图吞并华北的阴谋,沿途进行抗日救国宣传,唤起中国人民的觉醒。

清华大学的学生积极地响应了这一号召。很快,宣传队成立了,共有20多人,钱伟长也是其中的一员。

1935年12月25日,这批爱国青年起程南下,每个成员的心中都燃烧着抗日救国的激情火焰。

这次南下,让钱伟长印象最深的是中国农村令人触目惊心的惨状。贫穷的村庄,落后的生产方式,还有那些流离失所、挣扎在死亡边缘的穷苦百姓,无不猛烈撞击着他那颗正直、善良的心。

有一天,他们正沿着运河前行,一个同学不小心连人带车掉进了有一层薄冰覆盖的河里。大家七手八脚地把他救上来后，想找地方让他烤火取暖。正巧河边有户人家，可他们敲门说明情况后，开门的老大爷无论如何也不让他们进去。这时，一位善解人意的女同学走上前跟老大爷聊了聊，才知道老大爷的女儿只围了条破被子在家，不方便见人，因为刚刚出门的母亲穿走了她们共有的，也是唯一的一条裤子。

还有一次，他们路过唐官屯，有两名同学因奔波劳累生病了，浑身发冷。20多个同学分头去借被子，最后只有一个人借到了，其他人都是空手而归。原来，这个有1000多人的唐官屯竟然只有几户人家有被子。

他们在路上还遇到了许多从东北逃亡南下的难民，从难民们口中得知，日本侵略者在东北三省烧杀抢掠、奸淫妇女，无恶不作。大家听了都痛心不已，一想到祖国此时此刻正遭受日本帝国主义的蹂躏，危机感和紧迫感便涌上心头，同学们的抗日情绪更加高昂了。

沿途，钱伟长真切地体会到在反动派当局敲骨吸髓的压榨下，老百姓的穷困和苦难是多么令人心酸和悲愤。这次南下教育了宣传队的每一个成员，使他们把宣传变得更有力、更坚决，他们的爱国行动也得到了全国各地学生的热烈响应。

第二章
少年有壮志

为了赶在1936年1月15日前到达南京,宣传队员们不得不在蚌埠换乘火车到滁州,然后再乘船过江,终于在1月14日下午抵达南京。

开始时,宣传队将开会地点选在金陵大学女生宿舍,但被军警发现,只得在下午6点转移到金陵女子文理学院,不料消息走漏,他们又被发现了。原来,钱伟长等人晚上住的小客店是特务开办的,他们的计划被特务们偷听到了。

1月15日下午,按照计划,同学们要到中央饭店散发反对国民党政府消极抗日的传单,因为那里是蒋介石为召见所谓的"学生代表"而住宿的地方。就在大家完成散发任务,匆忙撤出饭店时,前面的一位同学突然大喊:"不好,有特务!"队员们还没反应过来,便被军警们团团围住。手无寸铁的学生们与军警展开了英勇的搏斗,最终因寡不敌众而被军警逮捕。

幸好清华大学校长梅贻琦当时也在南京,他得知此事后,为避免学生们受到迫害,向警方提出把学生们送回北平,交由校方处理。

在军警的押送下,钱伟长等人从浦口登上了北上的火车。列车一路上发出沉闷的轰隆声,钱伟长怅惘地看

着窗外，不禁陷入沉思。他并不认为自己有什么过错，通过这次行动，他更清楚地看到了人民的疾苦与国民党政府的腐败无能，更透彻地了解了社会的黑暗和外国侵略势力的残酷。

动荡中的科研

"七七"事变发生后，北平陷入一片恐慌。为了保证师生们的安全，清华大学决定内迁，但要求学生自掏路费。钱伟长由于囊中羞涩，不得不留下，但他决心挣钱凑足路费，再追赶内迁队伍。

1938年5月，经学长何汝楫介绍，钱伟长来到天津英租界的私立耀华中学，教初三和高一物理，兼女生班班主任，每月能拿到150元的薪水。这使他很快就筹够了路费。

1938年12月20日，钱伟长和汪德熙、苏元赫等人由天津到香港，再转道越南前往昆明。几经周折，他们在1939年1月顺利抵达昆明,在西南联大与清华大学的师友们会合了。

1939年2月,叶企孙教授被聘为中央研究院评议会秘书,须到重庆上任,不能再教授热力学课程,于是叶企孙找到钱伟长让他代课。钱伟长本来是以研究生复学的名义在西南联大学习的,这样一来,他便成了西南联大物理系的教师。

叶企孙离开西南联大之前,留给钱伟长一份不到10页的讲课笔记。钱伟长惊奇地发现,这份薄薄的笔记竟然吸收了金属学相关学术期刊上最新的利用热力学定律的前沿内容。这一发现使钱伟长受到了很大震动,对他日后的教学生涯产生了深远影响。

后来,已经成为上海大学校长的钱伟长回忆道:"那份笔记使我体会到,在社会进步迅速的20世纪,要做一个合格的大学教授,就不能故步自封,而应该与时俱进地改变其基本理论的应用范围,这样才能使一门基础课及时地跟上科学发展的时代步伐。作为教授,要经常阅读大量有关科技的国际期刊,把那些营养成分消化吸收到课堂中去,才算真正尽到了教授的职责。这一发现给了我坚守终身的授课指导原则。我也渐渐开始摒弃,

第二章
少年有壮志

甚至鄙视那种一本教科书讲 30 年不变的教学方式。"

从 1937 年到 1939 年,尽管生活一直因战乱处于动荡之中,但钱伟长始终没有中断科学研究,还取得了很大的成就。

这段时间,他在《中国物理学报》上发表了 3 篇光谱学研究论文,其中最有代表性的是《对稀有元素硒的单游离光谱分析》,首开我国稀土元素研究之先河。这一成果受到国际物理学界的普遍重视,也成为研究稀土光谱的基础性工作。

同一时期,钱伟长还深入研究了弹性板壳的内禀理论。

理论物理学家杨振宁曾说过:"一位研究者最重要的责任是要走到一个将来 5 年、10 年、20 年大发展的领域中去。他走进去了,研究就会事半功倍;但他要是走进一个已经是强弩之末的领域,那么再聪明的人也弄不出结果来。"而钱伟长研究的这个领域,正是将来会有大发展的领域。他消除了所有质疑的声音,最后以一名科学家的敏锐嗅觉和科研素养,取得了丰硕的成果。

不过,相关研究的论文还没来得及发表,钱伟长就要出国留学了。这个时候的他,已经成为一个在物理学界小有名气的新锐人物。

战火中的婚礼

在学术上收获累累硕果的同时,钱伟长还收获了美好的爱情。他和妻子孔祥瑛的相识相知,还要从1935年说起。

1935年12月9日,北平数千名大、中学生举行了抗日救亡示威游行。孔祥瑛作为清华大学的学生,也参加了这次游行。在游行中,她激昂地呼喊口号,声音坚定而洪亮。

当时钱伟长也在游行队伍中,听到孔祥瑛铿锵的喊声,看到这个充满朝气的女子,心中产生了一种莫名的情愫。他向来敬佩有胆识的女性,此后便开始留意她。他了解到,孔祥瑛在清华大学就读于文学院国学系,师从朱自清,是同盟会成员孔繁蔚之女。

几年前,曾有人替一位温婉的江苏女子向钱伟长的母亲提过亲,但被钱伟长婉言拒绝。他欣赏的是有胆识

第二章
少年有壮志

又大气的女性，而孔祥瑛身上那种洒脱和坚毅的气质，深深地吸引着他。经过这次游行，孔祥瑛成了他心中的"女神"。他开始有意无意地向孔祥瑛靠近，两个人由此相识相知。

1937年"七七"事变后，清华大学、北京大学、南开大学在岳麓山下组成国立长沙临时大学。不久，长沙又遭日机狂轰滥炸，长沙临时大学不得不再度南迁。1938年2月，长沙临时大学转移到云南昆明，改名为国立西南联合大学，于5月4日开始复课。

孔祥瑛随着清华大学一路南迁，钱伟长则因路费问题不得不暂留北平，直到1939年1月，两个人才在昆明重逢。

两年未见，他们看到对方后都激动不已，共同的理想、共同的爱国热忱使他们最终走到了一起。

这一年，孔祥瑛从西南联大毕业。之后，两个人经过慎重考虑，做出了结婚的决定，决意携手共度一生。

1939年8月1日，钱伟长与孔祥瑛举行了简单的婚礼。婚礼由物理系的傅孙义和化学系的汪德熙操办，主婚人是钱穆，介绍人、证婚人分别是朱自清和吴有训。中文系和物理系的师生们都参加了婚礼。

婚礼当天,有来宾笑着问孔祥瑛,她与钱伟长是不是一见钟情。孔祥瑛笑着摇摇头,答道:"初见时,他很瘦弱,看起来没有任何特别之处,但随着交往接触的深入,我发现他为人聪明能干,有强烈的爱国心和上进心,是个可敬可爱的人。"

在婚礼举行的过程中,昆明上空响起了急促、刺耳的空袭警报声,这时,钱伟长带领众人唱起一首令人难以忘怀的抗日救亡歌曲:

中国不会亡,中国不会亡,
你看那民族英雄谢团长;
中国不会亡,中国不会亡,
你看那八百壮士孤军奋守东战场!
四方都是炮火,四方都是豺狼。
宁愿死,不退让!宁愿死,不投降!
……

这场战火中的婚礼,对钱伟长和孔祥瑛有着特殊的意义,伉俪情深与国仇家恨随同这支歌曲的韵律,永远珍藏在他们的记忆深处。

第二章 海外从名师

钱伟长夜以继日，花了不到两个月写完了论文，署名为"辛格教授和钱伟长合著"，然后从多伦多大学寄往美国。不久，这篇论文如期在文集中发表，它就是在物理学界轰动一时的《弹性板壳的内禀理论》。

"宁可不留学,也不用日本的签证"

1939年7月,中英庚款董事会第七届留英公费生考试,分别在上海、昆明、重庆进行。这是一个供知识分子继续深造的大好机会,钱伟长决定报名参加。

这次公费留学只有20个名额,报考人数却超过了3000人,竞争十分激烈。钱伟长报考的弹性力学专业仅招1人,机会更加难得。在这次考试中,他和郭永怀、林家翘的表现都很优秀,招生委员会经过考虑,决定将他们全部录取。

同年8月,钱伟长收到了留英公费生的录取通知书。9月1日,被录取的22名公费生在香港集合,准备动身前往英国。不料两天后形势突变,英国对德宣战,暂不接收留学生。学生们只好收拾行李,返回各自的学校,等待合适的时机。

由于第二次世界大战全面爆发,很多英国大学的知名教授纷纷去加拿大避难,所以,中英庚款董事会的负责人决定让钱伟长等人转到加拿大的多伦多大学就读。

同年12月底,钱伟长等人接到通知:到上海集合,坐船转赴加拿大留学。同时,招生委员会委托一个英国人和他的买办为学生们办理出国手续。

1940年1月,钱伟长等人来到上海的港口,登上了开往加拿大的"俄国皇后"号轮船。英国代表将护照发给他们,交代清楚后就离开了。

远航即将开始,大家听着黄浦江水滔滔的奔流声,望着矗立在港口的海关大楼,看着码头上挥手惜别的亲人们,心情五味杂陈。突然,一位同学高声喊道:"我们的护照怎么会是日本领事的签证?"

其他留学生听了,连忙掏出自己的护照查看,发现果然都是日本签证。原来,由于第二次世界大战全面爆发,中国直接到加拿大的航路已经中断,他们需要先坐船到日本,在横滨停留三天,然后才能前往加拿大。

第三章
海外从名师

眼见日军正在中华大地上烧杀抢掠，无恶不作，他们怎能接受敌国的签证？年轻气盛的留学生们越想越气，议论纷纷。钱伟长也很气愤地喊道："宁肯不留学，也决不要日本人的签证！"

这时距离开船只有半个小时了，为了维护中华民族的尊严，大家毫不犹豫地撕掉护照，扔进黄浦江，然后扛起行李下船回了旅馆。

面对学生们的爱国行为，中英庚子赔款委员会也无可奈何，就不再强求。英国代表知道这件事后则非常恼火，他气冲冲地跑到旅馆，用不太流利的中文比画着对学生们说："我为你们办日本领事的签证，完全是出于一片好心。这样你们可以经过日本海，还可以到横滨，方便又好玩。"

学生们平静地看着面前这个恼怒的英国人，坚定地拒绝了他的"好心"。英国代表则怒视学生们说："太遗憾了，你们一定会后悔的！"

学生们毅然说道："宁可不留学，也不用日本的签证！我们决不会踏上敌人的国土！我们决不后悔！"说完，他们毫不犹豫地扭头离开，留下英国代表尴尬地站在那里。

直到 1940 年夏天，钱伟长等人又一次接到集合通知，领到了没有日本签证的护照，从上海登船前往加拿大。

出发那天，钱穆特地赶到上海为侄儿送行。临行前，他嘱咐钱伟长说："此次前往西方学习，不能苟且偷安，昔日有唐僧取经、精卫填海的典故，都说明了咱们中华民族是个好学且意志坚强的民族，你要好好学习现代科学技术……"

钱伟长听了叔父的一番教诲，含着热泪说："四叔，侄儿此番走出国门，不是为了自己，也不是为了家庭，而是为了科学救国，抵抗外侮。您放心吧！"

随着汽笛的鸣叫声和轮船引擎的隆隆声响起，巨轮徐徐向黄浦江入海口驶去，留学生们站在船舱外向亲人挥手道别，看着渐渐远去的国土，大家的脸上充满了依依惜别之色。

钱伟长身着灰色长袍，默默地伫立在甲板上，凝视着一望无际的大海，此时此刻，他的心也像那起伏的海浪一样，无法平静。他在心中默念着："再见了，我的祖国！再见了，我的母亲！现在的您，饱经磨难，受尽凌辱。祖国，您不要哭泣，在我心中，您永远是我

最爱的母亲！等着吧，我一定要在外面学有所成，我要成为您骄傲的儿子，等着我们以崭新的面貌回到您的怀抱中吧！"

在多伦多大学崭露头角

1940年9月14日，经过28天的海上航行，钱伟长等人终于在加拿大温哥华港靠岸，然后改乘火车前往多伦多。9月20日，留学生们顺利进入世界闻名的多伦多大学，这也是该校第一次接收中国留学生。

多伦多大学成立于1827年，师资力量雄厚、教学设备齐全，学科设置十分广泛，其中一部分还具有交叉学科或跨学科背景。在课程设置上，多伦多大学为大一学生开设了写作、数学和分析批评三门核心公共课程，以强化学生的分析判断能力和计算能力，培养学生良好的文字表达能力。同时，为了扩大学生的就业范围，增加学生的就业机会，多伦多大学还推行双学位制度：学

第三章
海外从名师

生从大学二年级起可以选修另一专业的课程，比如主修英语的学生可以辅修哲学或历史，主修工程的学生可以辅修经济或管理等。

钱伟长后来任上海大学校长时就借鉴了多伦多大学的办学模式。比如，他根据我国的实际情况，在上海大学推行了选课制、学分制、短学期制等一系列教学改革措施。

钱伟长进入多伦多大学时，著名的应用数学家辛格教授正在加拿大避难，在多伦多大学创办了应用数学系，并担任系主任，教授流体力学和弹性力学。

钱伟长、林家翘和郭永怀都选择了应用数学系，其中，林家翘和郭永怀专攻流体力学，钱伟长专攻弹性力学。选系之后，辛格教授找他们三人谈话，想初步了解他们各自的情况，并向他们介绍了自己的研究方向及近期课题的进展。

在谈话中，钱伟长欣喜地发现，辛格教授和自己一样，也正在研究弹性板壳内禀理论。他在自传《八十自述》中说道："记得在1940年冬，我到校后第二次进见导师辛格教授，详细汇报了我在昆明研究的弹性板壳内禀理论。首先说明我选用以板壳中面为基础的高斯坐标，他立刻指出他的宏观理论也采用同样的坐标,并指出正确选用坐标系是解决实际问题的重要基础。"

一个月后,钱伟长与辛格教授再次见面。这一次,钱伟长把自己在西南联大的研究计划和初步成果交给辛格教授,请他点评。辛格教授对钱伟长的研究成果大为赞赏,认为自己的研究是用宏观的内力素张量求得在外力作用下板壳的张量平衡方程,是宏观方程组,而钱伟长的方程是微观方程组。虽然两种理论所用的力学量和符号有所不同,但实质是相同的。

辛格教授建议钱伟长在统一数学符号的基础上,把这两种理论结合在一起,写成一篇论文。恰好1941年5月10日是著名科学工作者冯·卡门教授的六十寿辰,美国许多著名科学家决定为他出版六十诞辰纪念文集。辛格教授希望将这篇论文发表在文集中。

钱伟长夜以继日,花了不到两个月写完了论文,署名为"辛格教授和钱伟长合著",然后从多伦多大学寄往美国。不久,这篇论文如期在文集中发表,它就是在物理学界轰动一时的《弹性板壳的内禀理论》。

这本文集只收录了21篇论文,作者共有26人,都是当时声名显赫的大科学家,包括爱因斯坦、冯·诺伊曼、铁木辛柯、冯·米塞斯等。年仅29岁的钱伟长是其中唯一一个中国人，也是文集作者中最年轻的学者。

这篇论文使钱伟长在国际物理学界和数学界崭露头角，大大增强了他对科学研究的信心，使他有勇气向一些难题发起冲刺，更对他日后的跨学科研究产生了很大的鼓舞作用。

1982年，在中国举行的国际有限元会议上，执行主席盖拉格教授也对钱伟长的理论成就大加赞扬："钱教授有关板壳统一内禀理论的论文，曾是美国应用力学研究生在20世纪四五十年代必读的材料，他的贡献对以后的工作有着不可估量的影响。"

影响巨大的博士论文

1941年6月，钱伟长从多伦多大学应用数学系毕业，获得硕士学位。

同年10月，他进一步拓展了论文《弹性板壳的内禀理论》的思路，完成了以薄板薄壳统一内禀理论为内容的博士学位论文，并于 1944 年分三次在美国布朗大学主办的《应用数学季刊》上连载。

钱伟长的博士论文，把板壳问题系统地分成 12 类薄板问题和 35 类薄壳问题，并分别给出 6 个基本方程的相应简化形式。在这些简化方程中，略去量级较小的项后，可以得到系统而且一致的近似方程。尽管这些近似方程中也包括常见的小挠度方程及一些已知的大挠度方程，但仍有很多有限挠度的方程是以前从未见于任何文献的，因此实用价值很高。

1958 年 8 月，在美国海军结构力学研讨会上，冯元桢和塞克勒发表了《弹性薄壳的失稳》一文，文中将浅壳方程称为"钱伟长一般方程"，将浅圆柱壳方程称为"圆柱壳的钱伟长方程"。1977 年在荷兰出版的《板壳渐近解》一书中，钱伟长的这一系列科研工作又被称为"划时代的工作"。

另外，钱伟长的博士论文还包括从三维弹性理论导出壳体宏观平衡方程的证明，这部分内容发表在清华大学 1948 年 12 月的理科报告上。

关于这篇文章，还发生过一场有意思的版权之争。

第三章
海外从名师

当时，美国数学家特鲁斯德尔看到这篇文章后，写信给钱伟长，说钱伟长抄袭了他在数学学会会刊上登载的博士论文。钱伟长收到信后，回信让特鲁斯德尔去多伦多大学图书馆查阅自己的博士论文，并告诉他这篇文章是自己学位论文的一部分。

之后，特鲁斯德尔来信道歉，说他的导师赖斯纳告诉他，他的博士论文其实是钱伟长 1946 年在乘船返国途中审查的。

钱伟长为特鲁斯德尔的博士论文提出了近 50 条意见，特鲁斯德尔大都接受并做了修改。另外，他在 1947 年发表的有关轴对称壳的文章也由是钱伟长审查的，特鲁斯德尔在信中一并表示了感谢。

1942 年春，钱伟长参加了加拿大国家研究会主持的应用数学特别委员会的工作。同年年底，他成为美国数学学会的正式会员。

研制"下士"导弹

第二次世界大战全面爆发后,德国加快了侵略东欧各国的步伐。1941年6月,德国单方面撕毁《苏德互不侵犯条约》,发动进攻苏联的大规模战争,英、法与苏联继而组成反法西斯同盟。1941年12月,日本偷袭珍珠港,美国宣布参战,太平洋战争爆发,国际形势日益严峻。

1942年,钱伟长在多伦多大学取得博士学位后,经辛格教授推荐,从加拿大来到美国,投到冯·卡门教授的门下。

冯·卡门是来自匈牙利的犹太人,为了逃避希特勒对犹太人的迫害而逃到美国。20世纪30年代初期,加州理工学院开始兴建航空实验室,冯·卡门被聘为实验室主任。在之后的十几年中,冯·卡门凭借自身杰出的创造才能,使航空实验室逐步发展成国际流体力学研究

第三章
海外从名师

中心和教育基地,影响了整个流体力学领域。1935年,冯·卡门曾到清华大学讲学一年,钱伟长听过他的课,对他很是景仰。

当钱伟长加入冯·卡门的实验室时,钱学森、林家翘、郭永怀三人也在这里工作。这以后,他们几个经常聚在一起,讨论学术问题或分析中国形势。冯·卡门也深深同情正处于战火中的中国,赞赏中国人的聪明上进和勤奋刻苦。当他得知钱伟长曾在给自己的文集中发表过论文时,更是十分高兴地答应收下这个中国学生。

冯·卡门一生在应用数学、力学、航天及其他工程技术领域做出过很大的贡献,而他的博学多才又突出表现在解决有关星际航行的实际问题上。1936年,喷气推进实验室正式成立,这是美国政府第一个从事远程导弹、空间探索的研究单位。博学且富有创新能力的冯·卡门自然不会错过这个机会,积极参与筹建工作。钱伟长也被聘为喷气推进实验室的研究员。

在冯·卡门的指导下,钱伟长和同事们研究的主要课题是火箭的起飞、飞行中火箭的翻滚、火箭弹道的控制及地球人造卫星的轨道计算等,钱伟长还参与了火箭现场发射试验。

既学过物理又是应用数学博士的钱伟长，做这些工作可谓得心应手。很快，他便接连发表几篇论文，并在研究、设计、制造等环节中做了许多具体工作，多次受到冯·卡门的赞扬。

不久，美国航空喷射机械公司正式改名为通用航空喷射公司，由冯·卡门任主席，钱学森、钱伟长等人均成为该公司的重要成员，开展了一系列军用火箭研究项目。

1942年，美军收到一个重要情报，称德军正在研制一种名为V-1的导弹。这种导弹重约2.2吨，长约7.6米，飞行时速高达600千米，最远射程约为370千米。如果这种导弹研制成功，无疑将成为德军的一张王牌，对战局十分不利。

这个情报于1942年5月被证实，根据美国空军侦察机的拍摄画面得知，德军的确在制造一种无人驾驶的喷气飞行器，也就是V-1导弹。为了给盟军赢得宝贵的作战时间，同年8月，英军出动轰炸机炸毁了德军的导弹试验基地，使其导弹研制计划延迟了数月。

同时，美国军方找到冯·卡门教授，希望与喷气推进实验室合作，共同开发火箭导弹这一项目。于是，钱学森负责导弹发动机推进的课题，钱伟长则负责空气动

第三章
海外从名师

力学计算、火箭导弹的计算及导弹的研究和设计工作。

1943年11月,他们顺利地将研发报告送到美国陆军军械署技术部,得到了美国政府的高度认可。

1944年6月,盟军在法国诺曼底登陆,第二次世界大战进入决战阶段。为了扭转战局,希特勒冒险下令使用新研发的V-1、V-2导弹,隔海轰炸英国首都伦敦。这是世界战争史上首次使用导弹武器。英国首相丘吉尔向美国求助,美国政府连夜研究应对办法,最后决定把任务交给喷气推进实验室。

钱伟长、林家翘等人详细分析德军的轰炸情况后,发现德军的导弹是从欧洲西海岸向伦敦发射的,这证明德军采用了最大射程进行攻击。他们提出了一个方案:只要在伦敦市区制造被轰炸的假象蒙骗德军,让德军情报部门误认为现在的发射位置正好能准确地打击伦敦,从而继续在当前位置发射V-2导弹,就可以有效避免V-2导弹继续对英国本土造成伤害。

这个建议被英方采纳了。丘吉尔后来在回忆录中谈及此事时,极力夸赞美国青年的优秀出众,但他显然不知道,这个方案凝结着中国青年的智慧。

与此同时,美军还委托冯·卡门以最快的速度研制中远程导弹。冯·卡门让钱学森担任火箭理论组的组长，在钱学森的提议下，钱伟长和林家翘也加入了理论组，钱伟长担任副组长。

他们三人通力合作，大大推进了导弹理论研究，一批"下士"导弹被迅速研制出来，并运往前线，极大地鼓舞了盟军士气，也对德军形成了不可小觑的威慑力。钱学森、钱伟长等人由此也成为美国导弹事业的先驱。

与冯·卡门合作

参与研制"下士"导弹后不久，钱伟长又投入人造卫星的研究工作之中。

当时科学家们设想，人造卫星在太空中失去动力后，每绕地球转一圈，就会往下掉一点儿，最后坠入大气层烧毁。问题在于，人造卫星每绕地球一圈，具体会往下掉多少，也就是损失多少度。

要得出这个问题的答案，需要十分精确的计算，而

第三章
海外从名师

计算难度非常之大。这个计算的重担,最后落到了钱伟长身上。

接受这个课题以后,钱伟长开始埋头计算。他一连三天没有合眼,直到第四天上班时,他才揉着布满血丝的双眼走出宿舍,来到实验室,将一沓厚厚的稿纸放在同事们面前。在同事们惊讶的目光中,他谦逊而温和地说:"请大家看看,我这个演算方法对不对?"

经过反复验算证明,钱伟长研究出的这套计算人造卫星损失度的方法是正确的。一直到今天,他的计算方法还在发挥着巨大的作用。

为了充分发扬学术民主,每周三下午,喷气推进实验室都会举行讨论会,由冯·卡门主持。在会上,每个人都要简短地报告自己的工作进展,然后大胆提出对未来工作的设想,并且坦率地说明自己在工作中遇到的困难和问题,大家一起商量解决办法。

每次开会,大家都热烈地讨论交流。钱伟长十分珍惜这样的机会,把它看作是最新科学思想的"传送带"。这种不拘一格的讨论会,不仅活跃了研究所的学术氛围,也大大开阔了每个成员的思路,激发了众人的创造热情。

此外,每个周末的晚上,在冯·卡门的家里也会有

第三章
海外从名师

一场非正式的讨论会。冯·卡门平日不修边幅,喜欢喝烈性酒、抽雪茄。他的住宅也像他本人一样杂乱无章,地毯上随意堆放着各种书籍。客人们无拘无束地围坐在一起,自在地讨论,欢声笑语常常充满整个房间。随着一杯杯美酒、一盘盘点心下肚,觥筹交错间,很多创新观点也不知不觉地冒了出来。

钱伟长和冯·卡门年龄相差31岁,但两个人都不拘小节,相处十分融洽,可以说是忘年之交。一天晚上,冯·卡门找到钱伟长,诚恳地提议跟他合作研究薄壁构件的扭转问题,钱伟长高兴地答应了。冯·卡门谈了一些自己的具体构想,认为完成这个课题大概需要三个月时间,但钱伟长认为不需要这么久。

果然,不到一个月,钱伟长就带着整理好的论文《变扭率的扭转》,敲开了冯·卡门的办公室。冯·卡门看了论文后十分惊喜,同时更加欣赏这个谦虚有为的中国学生。

1946年,这篇论文发表在第13卷美国《航空科学》月刊上,署名是冯·卡门和钱伟长。在此之前,钱伟长的大名已远扬在外。早在1945年秋季,他便完成了另一篇论文《超音速对称锥流的摄动理论》,并在美国航空工程学会年会上宣读，这是当时学术界第一篇有关奇异摄动理论的论文，引起了学术界的广泛重视。

再次见到钱伟长后，冯·卡门感慨万千地说："《变扭率的扭转》是一篇经典的科学论文。自喷气推进实验室成立以来，我已经没有精力再顾及基础理论方面的工作。这篇论文也许是我一生中最后一篇固体力学的文章了。"

在取得这么多骄人成绩后，钱伟长在国际上名声大噪。然而，尽管身处名流荟萃、设备先进、薪金可观的环境中，他无时无刻不在思念自己的祖国，思念自己的亲人，尤其是多年未见的妻子和尚未谋面的孩子。一旦时机合适，他便将奔赴祖国的怀抱。

第四章 为国效力忙

钱伟长坐在船舱中，无比向往地筹划着回国后的一切。他想让弹性力学在祖国的大地上绽放光芒，想在自己国家的大学里开办第一个力学系，想培养出能为祖国效力的力学人才，想为祖国的科学事业做出自己的贡献。

归来的游子

1943年冬,清华大学教授周培源受邀在加州理工学院担任客座教授,并和冯·卡门共同研究流体力学中的湍流理论的课题。周培源也是钱伟长在清华大学读书时的老师。他的到来令众多中国留学生欢欣不已,他们经常到周培源的寓所聚餐、倾谈,了解国内的情况,诉说自己对祖国的思念之情。

令周培源欣慰的是,这些海外游子的心仍然牵挂着万里之外的祖国,他们时时谨记自己不远万里、漂洋过海前来留学的目的,"中国如何赶超西方"一直是萦绕在他们心头的大事。

但周培源在一次聚会中也谈到，有个别中国留学生对祖国的现状漠不关心，只顾自身利益，在西方安逸的环境中变得麻木不仁，不愿意在中国最困难、最需要人才的时候归国。在座者听了，都露出鄙夷的神色。周培源坚定地说："咱们中国现在确实是落后，但是我们不缺人才，祖国的未来需要我们中华儿女共同去建设，只要大家同心协力，中国一定会再次变得强大。"

钱伟长神情肃穆地聆听着周培源的教诲，深切感受到自己肩上的重担。他下定决心，有朝一日要把在西方学到的先进科技知识回馈给祖国，为中国的繁荣富强贡献自己的力量。

1945年8月15日，一则激动人心的好消息从大洋彼岸传来：日本宣布接受《波茨坦公告》，以广播《停战诏书》的形式，宣布无条件投降！

听到这个消息后，钱伟长再也无法静下心来工作了。他心潮澎湃，想到自己背井离乡踏上留学之路，至今已有5年多，如今祖国已脱离苦难，百废待兴，正急需人才。中国是他的根，身为中华儿女，应该用自己的本领去报效祖国，而且他与妻儿分别多年，心中无比想念。自此，他归国的念头越发强烈。

第四章
为国效力忙

　　反复考虑后，钱伟长向冯·卡门提出了回国探亲的请求。他知道冯·卡门不会轻易放自己走，所以他告诉冯·卡门，自己已将近6年未见妻儿，十分想念他们。冯·卡门听了，十分同情和感动，虽然也预料到钱伟长可能会一去不复返，但还是答应了他的请求。

　　1946年5月，钱伟长在美国洛杉矶登上了驶往中国的轮船。为了不引起别人的注意，他只带了几件简单的行李，没带任何资料，其他东西都原封不动地放在美国，就连刚发的薪水也没有领取，临走前甚至还预付了半年的房租。

　　轮船行驶在太平洋上，天空辽阔而澄净。钱伟长坐在船舱中，无比向往地筹划着回国后的一切。他想让弹性力学在祖国的大地上绽放光芒，想在自己国家的大学里开办第一个力学系，想培养出能为祖国效力的力学人才，想为祖国的科学事业做出自己的贡献。不过，他已经离开快6年了，祖国已经变成什么样子了？

　　一个月后，钱伟长乘坐的轮船抵达上海，下船后，他马上赶往故乡无锡，他的家人仍然居住在荡口镇。当他踏入家门，见到母亲的一刹那，他热泪盈眶，急切地呼唤着母亲，并快步走上前去紧紧握住母亲的双手。母子二人久别重逢，喜极而泣。

多年未见，母亲已是白发苍苍、步履蹒跚，钱伟长心里五味杂陈。最让他难过的是，慈爱的祖母在4年前去世了。祖母对他来说，既是可亲可敬的长辈，又是重要的人生导师。回想起小时候祖母抱着自己一起读书、记账本的情景，他不由得潸然泪下。

钱伟长在荡口镇停留了十多天，亲眼看到了家乡饱经战火摧残后凋零破败的景象。其间，他还专门回了一趟七房桥祭祖。在给祖母和父亲扫完墓后，他接到了清华大学聘请他为机械系教授的聘书。

1946年7月，钱伟长抵达北平。三个月后，他的妻子孔祥瑛也带着儿子钱元凯来到了北平。

钱伟长留学前，把身怀六甲的妻子送回了娘家。儿子出生后一直由妻子独自抚养，如今已经6岁，长得活泼可爱。钱伟长看着素未谋面的儿子，心中十分欢喜。一家三口终于在清华大学团聚。

第四章
为国效力忙

新中国成立前的"最后一课"

这次重返清华大学,钱伟长发现昔日清静秀美的校园变得一片荒芜。原来,抗战中,清华大学一度沦为侵略者的伤兵医院和马房,之后又遭到国民党军队的大肆搜刮,很多东西都被变卖,教室里的桌椅、电线,甚至窗户上的玻璃,都未能逃脱厄运。

看着眼前破落残败的景象,钱伟长心中的愤怒和悲伤一起涌来。由于校园房舍需要修缮,清华大学直到1946年10月才宣布复课。

作为机械系的教授,钱伟长的月薪是14万元法币。他以为这是一笔不菲的收入,还高兴了好一阵子,但喜悦之情很快便被现实击得粉碎。

从1945年开始,国内出现了严重的通货膨胀。钱伟长在清华大学的月薪,实际上还不够买两个新的暖瓶。这以后,他的月薪又由法币改为关金券、金圆券等。从

1947年夏天起，钱伟长的一部分工资以小米抵现款后，还能勉强保证主食。这年冬天，他的长女钱开来出生，因母乳不足，需要订牛乳、买奶粉，全家的生活更加窘迫。

迫于生计，钱伟长只能努力找学校兼课来增加收入。从1946年到1949年，他几乎"承包"了清华大学、北京大学和燕京大学工学院所有应用力学、材料力学和高等材料力学的课程，以及物理系的其他多种高年级课程，教学工作量很大，经常备课至深夜。当时一个教授一周大概上6堂课，而钱伟长却要上17堂课。尽管如此，家里还是入不敷出，无奈之下，他只好向身边的好友借钱。

1947年，还在喷气推进实验室工作的钱学森回国结婚，他的年薪已达到8万美元，生活十分优越。钱学森返美前，特意来看望钱伟长，了解到他的处境后十分寒心，建议他回冯·卡门的喷气推进实验室工作。

想到白发苍苍的老母，看着眼前嗷嗷待哺的女儿，以及活泼可爱的儿子和勤俭持家的妻子，钱伟长内心有些动摇了。教学任务繁重，他并不觉得辛苦，因为为国家培养人才是他的夙愿。但作为儿子、父亲和丈夫，他不忍让家人忍饥挨饿，想让他们过上好日子。

经过再三考虑，钱伟长接受了钱学森的建议，决定

第四章

为国效力忙

到美国大使馆申请注册。在美国大使馆注册时，需要填一张申请表，里面涉及许多内容，如学历、信仰等。这些对钱伟长来说都没什么，但看到最后一项时，他决定不去美国了，因为那个问题是："如果中国和美国开战，你会为美国效力吗？"他斩钉截铁地填上了"不会"。

关于这段往事，钱伟长曾回忆道："美国大使馆注册有很多问题，我都无所谓。比如，你信什么教？我说我不信教。他说不行，因为不信教在美国人看来是野蛮人。后来他让我填孔教。看到最后一条，我填不下去了——问中国和美国开战的时候，能不能忠于美国。我当然忠于中国了，我是中国人，我不能忠于美国。我就填了一个'No'，我不会填'Yes'，我决不卖国。结果就因为这个，我没能去美国。当然，填'No'，就已经意味着我告诉他们我不去了。也许有人会说，我的目的就是去美国，为什么不变通一下呢？我做不到，我忠于我的祖国，时时刻刻，心口如一。"

打消了去美国的念头后，钱伟长的生活重归平静。他依然在几个校园间来回忙碌，同时坚持进行科学研究。这段时间，他展开了多项研究工作，先后在国内发表了8篇论文。

第四章
为国效力忙

与此同时，钱伟长还积极参加爱国运动。在沈崇事件及"反饥饿、反内战、反迫害"运动、反对清华大学南迁等运动中，他都积极响应并参与。他和历史系教授吴晗住得很近，交往甚密，经常在吴晗家中聚会，并因此认识了许多中共地下党员。中共地下党员于陆琳还在钱伟长家中住过几个月，后来她与清华大学机械工程系的孟庆基教授结婚。

与地下党组织的频繁接触，更坚定了钱伟长对祖国的信心。他坚信，祖国的黎明就在不远的前方，黑暗终将过去。

1947年冬，国民党军队节节败退，反动政府加紧了对民主进步人士的迫害，清华大学的许多教授迫于无奈，相继离校，前往解放区。中共地下党组织安排钱伟长夫妇和张奚若教授留守清华大学。留守的日子十分艰苦，其间，国民党政府曾以"优厚条件"安排清华大学南迁，但钱伟长等人通过收听延安的广播得知，这很可能是国民党的阴谋。他们决定听从党组织的安排，继续坚守清华大学校园，坚决拒绝南迁。

1948年12月18日，反对南迁的斗争获得胜利，除了少数几名教授，其余269名教师全部留校，清华大学得以恢复正常的教学秩序。

12月23日,从清晨起,预示着祖国黎明即将到来的隆隆炮声就响个不停,犹如春雷震撼大地。那炮声,是北平即将解放的信号。每个人都激动地等待着。新中国就要到来了!清华园里的师生们,个个欢欣鼓舞,准备迎接解放军进城。

这天上午10点,是钱伟长的力学课。为了安抚学生们激动的情绪,在中共地下党员的安排下,钱伟长坚定、从容地走进坐满200人的大教室中,讲授"射击的弹道动力学"。所有学生都认真地聆听着他生动有趣的讲解,尽管周围枪声不断,但大家都特别专注,无一人惊慌失措。

钱伟长的这一课让许多学生难以忘怀,甚至在多年后,还有学生回想起中华人民共和国成立前的"最后一课",当时的情景依然历历在目。

第四章
为国效力忙

忙碌而充实的日子

从 1935 年的"一二·九"运动到 1948 年北平即将迎来解放的曙光，已经过去了整整 13 年。这 13 年来，钱伟长无时无刻不在盼望着祖国解放的那一天，期待着人民胜利、科学复兴的那一天，希望祖国有朝一日能发愤图强，屹立于世界强国之林。

12 月 25 日清晨，钱伟长的小女儿在解放北平的欢呼声中降生了。钱伟长兴奋地抱起襁褓中的婴儿，望着她那明亮如水的眼眸，温柔地说道："孩子，你是幸福的，你伴随着祖国的黎明降临到这个世界上……"

"解放区的天，是明朗的天，解放区的人民好喜欢……"此时，窗外传来校园里此起彼伏的迎接解放的秧歌声、锣鼓声、口号声，到处呈现出欢乐的节日气氛。

"快给孩子起个名字吧。"孔祥瑛躺在床上，脸上泛着红晕，微笑着说。

钱伟长的故事

钱伟长听着窗外的歌声,看着怀中的婴儿,眼睛突然亮了起来:"就叫'歌放'吧!北平就要解放了,我们的小女儿出生在一个崭新的时代,她是幸运的,她的降生就是在歌唱解放。对,就叫歌放!"

这个美满的五口之家迎来了新的春天,畅想着幸福的未来。和所有的爱国知识分子一样,钱伟长迫不及待地希望为新中国奉献自己的全部力量。

1949年3月,清华大学成立了校务委员会,由原理学院院长叶企孙任主任委员,张奚若、吴晗任副主任委员,周培源任常委兼教务长,钱伟长和费孝通任常委兼副教务长,陈新民任常委兼总务长。

从1951年1月起,钱伟长在《中国青年》《人民日报》上发表了一系列关于古代中国科学发明的文章,目的是唤起人们对新中国科技发展的信心,激发广大青少年对科学的兴趣和热情。

1951年2月,教育部部长钱俊瑞率队到哈尔滨、长春、沈阳、抚顺、鞍山、大连等地的高校和工厂视察,钱伟长随行。

1951年3月,钱伟长参加了中华全国自然科学工作者代表会议。会议决定成立中华全国自然科学专门学会联合会(简称全国科联),钱伟长当选为全国科联常委兼组织部副部长。

1951年,钱伟长开始招收研究生,培养了新中国第一批力学研究生,包括叶开沅、陈至达等人,开创新中国高校研究生教育之先河。同年,钱伟长被任命为中国科学院数学研究所力学研究室主任。在此期间,他多次和北京各大学联合举办"圆薄板大挠度问题"等课题的学术报告会,并将报告会上的论文汇编成论文集。

1952年6月,钱伟长被任命为清华大学教务长。1953年,钱伟长参加了中华人民共和国第一部宪法的起草工作。1954年,钱伟长当选为第一届全国人民代表大会代表。

从1954年秋至1956年春,钱伟长参与制定了我国《1956—1967年科学技术发展远景规划纲要》(简称《十二年科技规划》)。后来,钱伟长被任命为清华大学副校长,仍兼教务长。

1955年,中国科学院学部成立。钱伟长被聘为物理学数学化学学部和技术科学部首批学部委员(后称院士),同时被任命为中国科学院学术秘书。

1956年1月,中国科学院力学研究所成立,钱学森任所长，钱伟长任副所长。同年5月，钱伟长参加波兰国际固体力学研讨会；7月，随中国科技访问团出访苏联、波兰、罗马尼亚、匈牙利、民主德国、保加利亚、捷克斯洛伐克、南斯拉夫等国；8月，第九届理论和应用力学国际大会在比利时布鲁塞尔召开，中国派团参加，钱伟长任副团长，并在会上做了题为《长方板大挠度问题》和《浅球壳的跳跃问题》的报告。

这两个报告引起了力学界的高度重视，并在20世纪六七十年代引发了一次研究热潮。1956年底，波兰科学院授予钱伟长"外籍院士"称号。另外，钱伟长还在清华大学开设了一年的应用数学讲座。同年冬，他在中国科学院和高教部合办的力学研究班上再一次讲授该课程。两次课程的听课者多达600余人！

在科研工作中，钱伟长关心的不再限于力学，对于其他学科也表现出很大的兴趣，经常提出一些具有建设性的建议。比如，针对"中国贫油论"，他大胆提出渤海地下就可能有石油；又如，看到气势磅礴的钱塘潮，他建议在那里建一座潮汐发电站。

因为这些建议所涉及的研究领域并非其专业所长，所以钱伟长曾被讥笑为"不懂装懂""吹牛"，甚至被

第四章
为国效力忙

人嘲讽为"万能科学家",对此他并未与人争论,而是本着实事求是的原则和严谨务实的精神,持续提出自己的合理化建议。

没有教材就自己编

1952年,中国高等院校的院系进行了一次大调整,教育部在5月下达通知,要求9月开学全部使用苏联教材。苏联教育部对此表示非常支持,很快就把俄语教材运到了北京。

钱伟长是清华大学的教务长,所以教材的翻译工作自然就落到了他的身上。当时清华大学里鲜有人懂俄语,钱伟长本人也不懂,为此他决定办一个俄语速成班。

几经周折,他找到了两个懂俄语的专家,他们是翻译家赵宝华教授及其助教。钱伟长请他们编写一本两个星期就能速学基础俄语的速成教材,并告诉他们这本教材要包含33个俄语字母的念法、700个常用的专业名词和70个常用动词。至于时态、变格等可以先不管，因为力学专业的教材中会有许多图，一看图，教授自然就明白具体的内容了。钱伟长也参加了学习班，带头学俄语。

两个星期后，俄语速成教材编好了，复杂的俄语语法被简化成了7种。钱伟长大喜过望，马上组织力学教研组的教师们突击学习这本教材，他们仅用了短短两周时间就学会了科技类的俄语，并很快翻译出第一本俄语力学教材。

第一本教材翻译出来后，这种方法很快在全校得到推广。到9月开学时，四个年级的教材全都翻译完毕，并在第二年改正了一些误译。此后，钱伟长又用类似的方法学了德语、法语。

多年以后，钱伟长还颇为得意地总结道："科技文章的外语比较容易，和文学不一样，你很可能看得懂科技文章但看不懂小说。科技文章哪儿该有个动词，就得有个动词，不会落掉的；那里面也绝不会有惊叹号，好懂。我们翻译的教材一直用到现在，事实证明没有译错。因此，外语可以这样学。我也是在那个时候突击的。"

钱伟长认为，中华人民共和国成立后，党提供了优越的工作环境和生活条件，没有理由不充分发挥自己的

第四章
为国效力忙

作用。只要是对祖国、对人民有利的事情，就应该去尝试。因为身兼数职，事务繁杂，自己的科学研究，钱伟长大多放在晚上10点至凌晨一两点去做，这也得益于他在苏州中学时养成的"开夜车"的习惯。

有一次，钱伟长随中国人民抗美援朝慰问团去朝鲜，在晃晃荡荡的火车车厢里，他伏在小桌子上写文章。天色暗下来后，他仍然借着微弱的灯光继续写作。

这时，坐在一旁的代表团秘书小王低声劝他说："钱教授，时间不早了，明天到丹东后还要换乘汽车，会很累的，您还是早点儿休息吧！"

"还有一段，写完就睡。"钱伟长连头也顾不上抬。

"您写的是什么论文啊，这样全神贯注，在火车上整整写了一天？"已经躺下的小王见劝不住他，干脆从卧铺上坐起来，好奇地问道。

"噢，这不是论文。我在给青少年编写一本书，名字叫《中国历史上的科学发明》，出版社催着交稿，得抓紧写！况且，这么早我也睡不着。"

"您是那么有名的科学家，为什么还花力气写这种科普小册子呢？"小王纳闷地问道。

"怎么，难道科学家就不应该写科普文章吗？实际

第四章
为国效力忙

上,普及科学知识也是科学家的一项重要任务,它对于引导青少年爱科学、学科学作用可大着呢!"钱伟长温和地说,并劝小王,"你快点儿睡吧,免得一会儿把大家吵醒了。我写完这一点儿就睡。"

"那您可早点儿睡啊!"小王不好再说什么,只好再次躺下,心中对钱伟长敬佩不已。

1953年8月,钱伟长撰写的《中国历史上的科学发明》一书正式出版,从农业科学、水利工程、数学、天文和历法、指南针和指南车、造纸术和印刷术、火药、机械、建筑等诸多方面,详细介绍了我国历史上的科学发明,展现了中国优秀的、丰富的科学历史遗产。钱伟长还对这些历史遗产进行了系统的分类叙述,便于青少年对前人的发明创造有一个具体清晰的了解。

钱伟长早年的志趣的确是从文学转向了科学,但这本书也很好地说明,他的文学和历史功底依然十分深厚。如果没有丰富的历史知识和文学技巧,是很难驾驭这样通俗且生动的科普著作的。

师生齐力，勇攀高峰

中华人民共和国成立以后，钱伟长开始招收研究生，他一直对学生提出严格的要求，但他的教学方法并不死板，常常采用启发式教学，引导学生独立思考，取得了良好的效果。

在学生面前，钱伟长毫无保留地讲述自己的经验、体会乃至不成熟的想法，一旦有人有了一些见解，他总是满腔热情地予以鼓励。没过多久，一个强有力的研究集体形成了。

1954年，由钱伟长和他的学生林鸿荪、胡海昌、叶开沅共同署名的科学论文《弹性圆薄板大挠度问题》发表了。这篇论文总结了钱伟长自1948年以来从事的科研工作，也是国际上第一次成功利用系统摄动法处理非线性方程的论文。

这篇论文的发表轰动了整个力学界，系统摄动法也被力学界公认为是最经典、最接近实际且最简捷的解法,后人把这种方法称为"钱伟长法"。不过,这个方法的提出和解决问题的实验并不是一项简单的工作,它是钱伟长和他的学生们经过六七年的研究才完成的。

1956年,国家公布了第一批科学奖金获奖名单,《弹性圆薄板大挠度问题》就是获奖的论文之一。

获奖当天,胡海昌、叶开沅兴高采烈地拿着报纸,跑到钱伟长家中向他表示祝贺。钱伟长也十分激动,多年的科研成果终于受到党和国家的重视,他为自己的成功而欢欣鼓舞,也为学生在研究中得到锻炼、取得进步感到欣慰和开心。他激动地站起来,笑着说:"孩子们,应该接受祝贺的是你们啊!你们的辛勤劳动是取得成果的一个重要条件。"

"不,钱老师,我们只是在您的指导下做了一点儿微小的工作。"胡海昌和叶开沅异口同声地说。

看着学生们一脸诚恳,钱伟长从书桌上拿起一份稿子,说:"在现代科研工作中,不吸取别人的经验而做新的创造是完全不可能的事情。你们想想,如果不是前辈科学家解决了小挠度问题,如果没有浅壳方程式给我们的启示,我们能做出今天的贡献吗?从这个意义上说,我们的成果确实没有什么值得骄傲的。我们都是受到了前人的指导。现在我们可以考虑一下弹性柱体扭转理论的基本假定问题了。喏,这份草稿上的内容就是我的一些初步想法。你们先看看,如果有兴趣的话,我们接下来不妨就专攻这个课题。"

他想趁这个机会再让学生们锻炼一下,于是巧妙地将获奖受到的鼓舞转变成学生们继续向科学高峰攀登的动力。胡海昌和叶开沅接过稿子,简单翻阅了一遍后,站起身来向钱伟长告辞,准备回去好好研究。

钱伟长送他们出门时,突然又想起了一件事,他对叶开沅说:"那本《弹性力学》的书稿我已经看过了,有几个地方出了些错误,明天晚上你再来一趟吧,我们一起看看。"

送走学生以后,钱伟长回到书房,开始翻阅文献资料。翻着翻着,他看到了几页夹在书中的稿纸,那是他在考虑弹性柱体的扭转理论时,随手摘抄的一些国外文献的目录。他已经看了一部分,但还有很多没来得及看。刚才把草稿交给学生时,他忘了把这份论文目录附上,如果让他们自己去找这些论文,必然要浪费许多时间,而现在最要紧的就是争取时间。

第四章
为国效力忙

看着手中这份几乎被遗忘了的目录,钱伟长不禁有些焦急。他心烦意乱地坐到沙发上,强迫自己思考还有哪些具有参考价值的文献,想把杂乱无章的思绪理顺。

他一边想一边自言自语:"啊,还有一篇很有价值的论文,我在两年前就看过,究竟登在哪本刊物上呢?唉,记性真的开始衰退了……对了,在美国的时候,冯·卡门教授曾谈起过弹性柱体的扭转问题,也许笔记本上有记录,我必须抽时间找找……不,今天晚上就得找,明天连同论文目录一起交给胡海昌和叶开沅,供他们研究时参考……不行!今天晚上还得给《力学学报》审阅稿件,哪里有时间去翻箱倒柜呢?对,我现在就应该去找他们,把论文目录给他们送去……"

他从沙发上站起来,拿上写满论文目录的几页稿纸,骑着自行车直奔学生宿舍。

1956年,科学出版社出版了钱伟长与林鸿荪、胡海昌、叶开沅合著的《弹性柱体的扭转理论》以及与叶开沅合著的我国第一部弹性力学专著《弹性力学》。这是钱伟长学术成果的一次集中展现。

 "双钱"合璧

1955年,著名科学家钱学森突破重重阻挠,终于携家人回到祖国的怀抱。10月28日,钱伟长随中国科学院副院长吴有训和周培源、赵忠尧等人,一起到北京火车站迎接钱学森一家。

曾经的同门师兄弟再度重逢,钱伟长和钱学森都很激动,双手紧紧握在一起。敏感的海外媒体对此事做了详细报道,并对冯·卡门的两名弟子钱学森、钱伟长即将再度合作一事给予了高度关注。

当天晚上,在欢迎钱学森归来的晚宴上,吴有训宣布了成立中国科学院力学研究所的决定,并指派钱伟长去协助钱学森。

实际上,早在1951年中国科学院成立之初,钱伟长便为建立力学研究所做了大量准备工作。1952年,中国科学院成立数学研究所,并在数学研究所成立了力学

第四章
为国效力忙

组。1953年底,力学研究室成立,钱伟长担任室主任。研究室成立不久,接收了胡海昌、林鸿荪、郑哲敏、庄逢甘等一批年轻有为的研究人员。

在钱伟长的领导下,力学研究室学术气氛活跃、人员创造力强,短短几年便出版了两本研究论文集,并且发表了许多重要论文。

钱伟长还建议教育部和中国科学院合办一个力学研究班,招收全国高校各工科专业的学生,培养力学科研人才。研究班创办后,钱伟长和教育部副部长曾昭抡共同授课指导。

为了进一步推动中国力学科研事业的发展,钱伟长经过多方协调,多次举办了关于力学研究的学术报告会。为了让高校教师得到进修,他还在北京钢铁学院举办了长达半年的弹性力学讲座,听讲的进修教师达4000余名。

钱学森在北京安顿下来后,立即与钱伟长投入力学研究所的筹建,两个人配合默契,常常事半功倍。经过反复研究,他们认为要办好力学研究所,充分发挥其作用,必须做到以下三点。

一是扩大力学研究的领域。力学是一门范围广阔的学科,涉及的知识非常多。除了旧有的固体力学和流体力学，还应包括化学流体力学、电磁流体力学、物理力学、弹道学等。

二是力学研究应该与工业发展联系起来，并且要走在工业发展的前端，为国家的工业生产指明方向。

三是力学的理论研究应伴随一系列的科学实验，并与生产实践相结合。

两个月后，即1955年底，钱学森和钱伟长向中国科学院提交了建所方案。

1956年1月5日，中国科学院召开院务会，一致通过钱学森和钱伟长关于筹建力学研究所的方案，并上报国务院批准。1月16日，国务院副总理陈毅元帅亲笔批复，力学研究所正式成立。中国科学院任命钱学森为力学研究所所长，钱伟长为副所长。

力学研究所筹办的效率之高，是中国科研工作作风上的一次重大突破。除了因为"二钱"曾在冯·卡门手下工作，配合默契，养成了雷厉风行的办事作风，很大程度上得益于钱伟长前期所做的铺垫工作，这些工作为力学研究所的筹建节省了大量时间。

第五章 逆境守初心

钱伟长始终认为,只要坚持信念,有朝一日他一定可以继续从事热爱的科学事业。

甘当"地下工作者"

1952年5月,教育部提出全国高校院系调整原则和计划,其方针是"以培养工业建设人才和师资为重点,发展专门学院,整顿和加强综合性大学",重点发展工业学院,尤其是单科性专门学院。这次调整,实际上是对苏联教育模式的全面移植和模仿。

这种教育模式的优点是可以集中国家资源,迅速培养大批高度专门化、专业狭窄的"现成专家",但缺点也是显而易见的。钱伟长作为清华大学副校长,很快就发现了这种教育模式的弊端,他认为工科学生要有理科基础,大学的专业不能分得过细;科学技术日新月异,学校应着重培养学生分析问题和解决问题的能力，并主张理工合校。

但是，当时新中国对苏联的一切有着超乎寻常的模仿热情，钱伟长的主张显然与清华园内外的思想潮流相背离，因此他遭到了很多教授和学生的批判和声讨。

1958年1月15日，清华大学宣布撤销钱伟长的一切职务，包括研究生导师、期刊编委等职务。钱伟长虽然以教授资格继续留在清华大学，但是其级别从一级降为三级。

钱伟长的生活和事业一下子跌入了谷底，他再也不能走上讲台，再也不能带研究生钻研科学了。尽管如此，他从不抱怨，就算被安排做杂务也是勤勤恳恳、认真对待。

钱伟长始终认为，只要坚持信念，有朝一日他一定可以继续从事热爱的科学事业。那段时间，他的书房里没有书桌、书柜，书籍、资料几乎尽数被损毁。每天一有闲暇，他就悄悄开展抢救工作，将一些被撕碎的文稿重新拼贴起来；如果碎得无法拼贴，就重写、重算。

在钱伟长的不懈努力下，不少珍贵的科研资料得以保留。一时的困难没能阻挡他对科学事业的热爱和追求，也没有磨灭他对祖国、对人民的深情和忠诚。在知识的

海洋里,他找到了真正的自我,外界的挫折无法阻挡他享受科学带来的乐趣和美好。

钱伟长对妻子说:"人生的道路还长着呢!我是决不会在挫折面前却步的。扪心自问,如果说我从海外回来的十多年有什么对不起祖国和人民的话,那就是我的科研工作做得还很不够。我不想遗恨终生,我必须努力弥补失去的时间。"

尽管被迫停止了一切教学和科研活动,但钱伟长没有一天真正停止过工作——他只是把工作状态由"地上"转到了"地下"。

经常有不同行业的人通过各种渠道,悄悄找到他家,向他咨询科学问题,请他帮忙查找资料、推荐人才,或者进行工程设计运算、提供设计方案、解决技术难题、翻译最新的外文资料等。来访的人中有部长、厂长,也有技术干部、工人。每次他们都不报家门,不说缘由,只是隐秘地提出问题,然后带走解决方案和方法。

钱伟长也不多问,一心只为对方查阅资料、推演计算。但他凭借在一些出版物上看到的公式及观点,就能判断出论文的作者来找过自己。这让钱伟长颇有感触,热爱祖国的人始终在一心一意地为国家的强大而努力奋

第五章
逆境守初心

斗。钱伟长深受感动,他从这种"地下活动"中找到了如自己一般始终坚持信念的同志,这让他颇感欣慰。

1958—1966年,钱伟长间接参与的科研项目有100多个,其中让他记忆深刻的有这样几件事情。

一是代联合国冶金组专家顾问、曾任冶金部副部长的叶祖沛教授起草加速推广转炉的建议书,并设计了高炉加压顶盖的机构,做了强度计算,还帮助他做了在首钢试验的理论准备。

二是应地质学家、地质部部长李四光的要求,研究了测量地应力的初步设想措施。李四光还推荐自己的研究生潘立宙跟随钱伟长从事这一研究,后来潘立宙被调入地质力学研究所工作,在地应力测量方面做出了很大的成绩。

三是为国防部门建设防爆结构、穿甲试验、潜艇龙骨计算提供咨询,推荐人才。

四是为人民大会堂眺台边缘"工"字梁的稳定,提出以栏杆框架承担其增强作用的方案。

五是提出北京工人体育馆屋顶网络结构的设想,并提供计算方法。

六是针对山区电缆的下垂问题以及风荷下电缆的长

波跃动和互相干扰问题,为架线工提供咨询。

七是为架子工、铆工的拉力扳手提供设计资料。

八是为试炮场、防护体结构、储油罐顶盖结构的设计计算,电厂冷却塔的设计计算,波纹管和膨胀接头的设计计算,拉晶机的设计计算等提供咨询。

九是为电缆厂提供自己没有发表的电缆强度计算方法及公式。这些公式后被收录进电工手册,但并未提及作者和公式来源。

钱伟长的这些"地下工作"成果,源于他对国家、人民、科学的深厚感情,他一心一意想把平生所学运用到祖国的建设事业中。无私为公的精神是推动他度过艰难时期的内在力量,也是他身上熠熠生辉的人格宝藏。

《傅氏级数之和》大表

1967年,钱伟长被分派到清华大学修建科,管理建筑材料。他终于可以跟杂活、脏活说再见了,终于可以

第五章
逆境守初心

回到温暖的家了。可是一踏入家门,他不禁目瞪口呆:家里完全变了样,一家五口挤在一间小屋子里,书稿散落一地,占去了房间的一半。令他欣慰的是,还有一部分文稿和书籍留了下来。

"啊呀,你怎么回来了?"看到钱伟长突然出现在家里,孔祥瑛又惊又喜。

"爸爸,您不会再走了吧?"孩子们的脸上也流露出既担心又期待的神情。

听到妻儿的问话,钱伟长木然地点点头,然后蹲在地上收拾凌乱的文稿。

"那本《傅氏级数之和》的大表哪里去了?"钱伟长一边焦急地寻找,一边自言自语。

大女儿钱开来在一旁搭腔:"爸爸,我在床铺底下见过,我给您找吧!"

很快,钱开来就把大表的残稿从床底下扒了出来。她一边掸着上面的尘土,一边不解地问道:"爸爸,您费这么大劲弄这样一本大表,有什么用处呢?"

钱伟长接过那本大表,苦笑着说:"用处?做科研工作,需要攻关,也需要搭桥。我这套表,打算用简单的函数表示出 10000 个三角级数之和的公式,这对工程

钱伟长的故事

设计和科学计算都是大有用处的,也可以说是为大家搭起一座桥梁吧。目前世界上还没有人做这个工作,我想尽快把它做出来。"

钱伟长打开电灯,把用牛皮纸做的"窗帘"挂在窗户上,打算开始"工作",却发现没有椅子,于是问妻子:"咱家的椅子呢?"

孔祥瑛苦笑着说:"你也不瞧瞧,这间屋子还能找到放椅子的地方吗!我把它们送到木器行寄卖了。"

钱伟长无可奈何,喃喃地说:"那,那只好……"

这时,懂事的孩子们说:"爸爸,我们把书摞起来,不就可以做成一个凳子了吗?"

于是,钱伟长坐在一摞书上,开始进行三角级数的推演和运算。

半夜,熟睡中的孔祥瑛被一阵声音惊醒,她问钱伟长:"怎么啦?"

钱伟长一边从地上爬起来,一边苦笑着回答:"没什么,我的'凳子'散架了。"他用手掸了掸身上的土,把书重新摞起来,对妻子说,"我看还是把椅子赎回来吧,明天就去赎。"

就是在这样艰苦的条件下,钱伟长默默完成了《傅氏级数之和》这本包括 10000 余个三角级数之和的大表。

当时在国际上，英、美、德、苏都有三角级数之和的专著，但最多只收录了 560 种三角级数之和。而钱伟长的表中却包含 10000 种三角级数，除了常见的三角级数，还包括大量以特殊函数为系数的三角级数。

特钢厂的炉前工

钱伟长是一个随时随地都喜欢用脑子解决问题的科学家和实干家，无论身处何种境遇，他都不忘发挥这一特长。

1967 年 10 月 29 日，55 岁的钱伟长和清华大学力学教研组的 40 名教师一起来到首都特殊钢厂（以下简称"特钢"），成了一名三班倒的炉前工，和工人师傅"同吃同住同劳动"。

炼钢厂的体力活虽然有些吃力，但钱伟长很高兴，因为身处特殊时期的他有了一份实实在在的工作。平时

钱伟长的故事

他吃住都在钢厂，周末和节假日才回家。

炉前工是很辛苦的工种，需要手持长铁杆操作，铁杆重达52千克，钱伟长完全拿不起来。但是，这难不倒这位力学家，他设计了一个三条腿的铁架子，操作时把铁杆架在架子上，一下子省了很多人力。很快，这个方法就普及开来，每个炉子前都有了这样一个铁架子。

之后，钱伟长还帮特钢设计了一台800吨的水压机和一个2000平方米的热处理车间。

尽管钱伟长被剥夺了讲课的权利，但特钢破例请他给工人师傅们讲课。钱伟长为此感动得热泪盈眶。对他而言，这不是单纯的讲课，还包含着工人们对他的尊重和肯定。

1969年夏，清华大学通知特钢工宣队领导，让钱伟长立即返校，随几百名清华大学教师去江西鄱阳湖边的鲤鱼洲农场进行劳动改造。特钢工宣队领导拒绝了这一要求，没有让钱伟长离开。

后来，钱伟长打听后才知道，鲤鱼洲农场是严重的血吸虫病疫区，很多教师的健康都在那里受到损伤。假如没有特钢的保护，他随众教师去到那里，很可能也会被传染。

第五章
逆境守初心

在特钢劳动的这段时间,钱伟长将知识与劳动实践密切结合起来,为工人们带来了许多便利,因而他们的关系也日益融洽。最明显的就是工人们对钱伟长的称呼变化,起初他们连名带姓地叫他"钱伟长",后来尊称他为"钱教授",熟络了以后干脆喊他"老钱"。而钱伟长对这一变化也心生感念,他深深地感受到了劳动人民的纯真与质朴。

研制坦克高能电池

1972年10月,钱伟长随中国科学院代表团访问了英国、瑞典、加拿大和美国。访问四国的所见所闻让他感叹不已——第三次科技革命使世界发生了巨大变化,中国与西方发达国家的差距进一步拉大。

访问结束后,虽然学校还是没有给他安排科研任务,但作为一名科学家,他总觉得自己应该做点儿什么。

钱伟长想起了在1969年的珍宝岛自卫反击战中,

人民解放军缴获的那辆苏联坦克。那时他看到之后，认为苏联坦克设计得很笨拙，侧面有一块很薄的钢板，很容易被击穿。他提议研制复合装甲护板，在不加重装甲重量的前提下，提高装甲抗弹能力。这一提议通过军宣队领导转达给有关部门后，得到了上级的首肯，接着有关部门便组织力量试制，后来这项工作因人员变动而中断。

如今，钱伟长又想起了当时研究坦克的事情，不过这次他想到的是坦克的电池。

当时，每辆坦克都装有4个铅酸电瓶。坦克启动时需要很强的电力，4个铅酸电瓶只够启动15次。所以，在珍宝岛战役中，中国的坦克经常打打停停，驾驶里程也只有几十千米。钱伟长考虑给坦克研制一种电力更强的电池。

军宣队领导批准了这一建议，组织了一个高能电池研究小组，归化学教研组党支部领导，由支部书记孟祥发负责，参加者共6人，但没有一个人懂电池。

为了尽快掌握行业信息，钱伟长花了60天时间，查阅并翻译专业文献400多篇。他发现，这些文献中提到两种电力很强的电池，一种是氯电池，另一种是星空器电池。氯电池试验起来很危险；而星空器电池是一次性的，不能重复利用，用在导弹上还可以，用在坦克上却不行。钱伟长决定取长补短，制造一种更适用的电池。

俗话说，巧妇难为无米之炊。要研制新电池，需要设备、材料、人员等多方面的准备。钱伟长灵活变通，没有实验设备，他就和研究小组的人一起动手制作设备。他们从学校的废品堆里找旧材料，把废弃的千斤顶修好后倒装在钢架上，作为手动的电极板压力机；将废电线拆开，取出里面的铜丝镀银，作为电板网的编制材料；把废轮锯片装上旧电机，作为制作电池匣的电锯……

就这样，经过一番拼凑，设备问题总算解决了，还缺原材料。电池的主要原材料包括聚四氟乙烯、电化学反应的催化剂、电极包装塑料薄膜及其他辅助材料。这些材料有的我国还不能自主生产，有的生产了质量却不合格。于是，钱伟长亲自跑化工材料行及相关生产厂家的仓库，有时甚至到化工厂的车间跟老师傅直接商量。他骑着自行车，几乎跑遍了北京大大小小的工厂车间，最后终于解决了原材料的问题。

第二年，钱伟长带领研究小组成功研制出一种与普通电池体积、重量相等，而能量高出8倍的一次性电池，其性能超出同类电池的40%，而且成本较低。其中的关

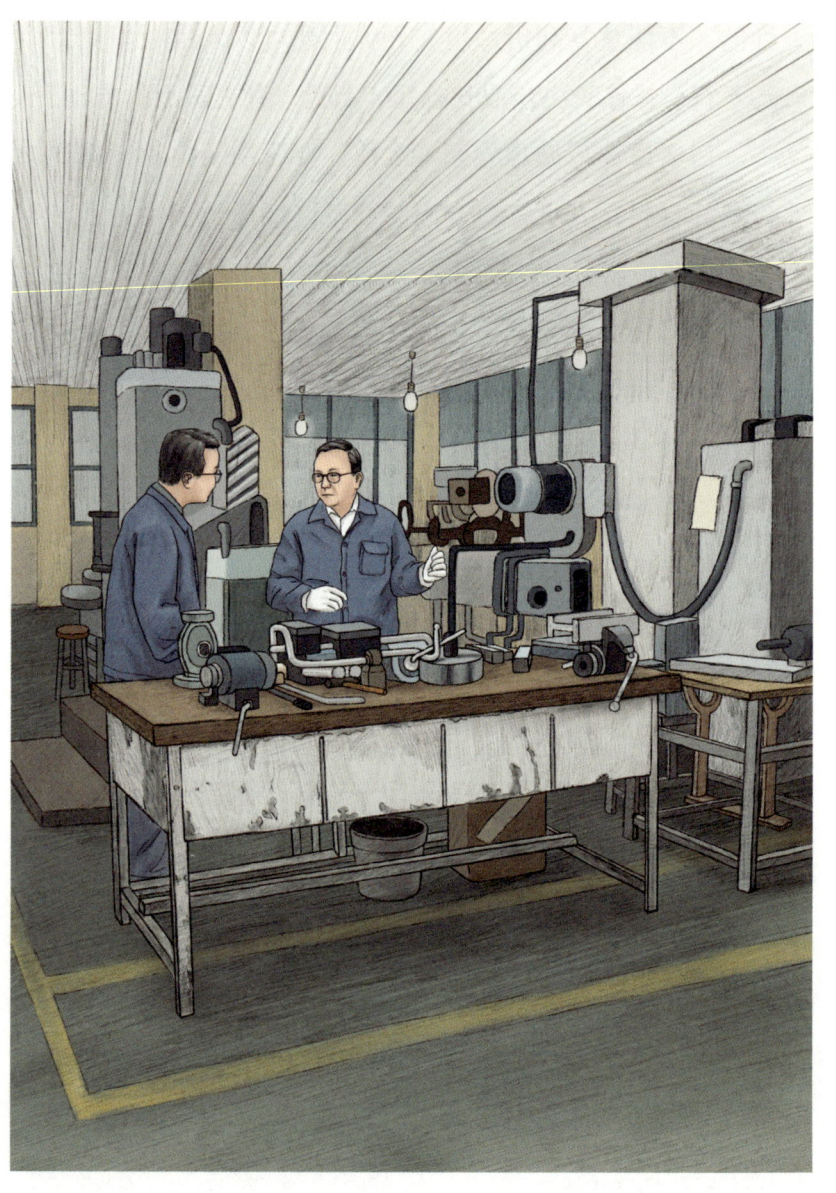

第五章
逆境守初心

键技术是，他们发明了空气极板的新工艺。这种极板是多孔性的，还有很好的抗水性，即使在加压的条件下，水和其他电解质溶液也完全不会渗漏。这种极板还可以用来制作燃料电池的极板。

很快，许多电池厂移植了这项技术，生产出来的高能电池填补了电池行业的空白，受到广泛欢迎。在高峰时期，有100多家电池厂与研究小组联系，参观者更是络绎不绝。小小的实验室里曾经有50多名外来学习者，学习操作试制极板、测试电池性能。

随后，研究小组以高能电池为基础，试制成功了坦克用电瓶。原来的电瓶每个重约50千克，而新的高能电瓶重约25千克，重量减半，性能却大幅提高，一个电瓶就能够供坦克连续启动1000多次。

研究小组还在高能电池的基础上，为铁路设计了实用的信号灯，为地质工作队设计了高能电源，分别在山海关、廊坊建了两个工厂。同时，研究小组还进行了贮存保养试验、进一步提高性能的试验，以及进一步发展电瓶车的试验。

1975年，高能电池研究小组获得了北京市科技进步奖。

为了试验，研究小组弄来一辆汽车，把高能电池安装在汽车上。安了高能电池的汽车，能够从清华大学开到天安门，再从天安门折返回来。可惜的是，后来因受政治运动的影响，高能电池研究小组被迫解散。

钱伟长努力克服困难，创造条件改良装备的做法，正说明了他对国家、对人民的忠贞。他曾说自己学习就是为了把所学的知识奉献给祖国，因此祖国需要什么，他就钻研什么。他的眼光从不局限于自己的专业，而是从实践中搜寻研究的课题，为国家科技的进步不遗余力地贡献自己的力量。

第六章

迈上新征程

钱伟长一向重视对年轻人的教育,总是不遗余力地扶持和帮助年轻人,鼓励年轻人成长。

# 把讲坛搬到全国去

1976年10月,局势好转,科学的春天到来了。钱伟长似乎重返青春岁月,又开始不知疲倦地工作起来。他曾被剥夺讲课、科研的权利,现在他要放开手脚,再次投入科学的海洋中。

钱伟长在1980年曾说:"欣逢1978年党中央召开全国科学大会,春风拂人,奋起之情油然而生。虽已年近七旬,还能为'四化'效力,感到无限幸福。我力图夺回已逝去的良好岁月,夜以继日地工作着。"

在完成清华大学外语教研组编写的《英汉科技词典》的部分校阅工作后,钱伟长又参加了《物理词典》的编写。

他所撰写的科学论文，引起了学术界的重视与关注。

钱伟长还重新走上了清华大学的讲坛，中断多年的研究生培养工作也得以恢复。他讲授的"变分法与有限元"，吸引了来自各高等院校的教师和各科研单位的研究人员。他在总结讲课经验和体会的基础上，对上百万字的讲义进行了改写和整理，并交付出版社出版。之后，他又结合在学校开设的"奇异摄动理论"新课程，撰写了六七十万字的讲稿。

钱伟长决定"把讲坛搬到全国去"。从1977年开始，他先后在北京、武汉、昆明、无锡、贵阳、西安、绵阳、兰州、上海等地举行了6个主题的大型学术讲座。

1977年8月，钱伟长首先为北京高校教师、研究生及国务院有关部委研究所的设计、科研人员讲授"变分法与有限元"。这个讲座共有70讲，仅北京的听课人数就达500人，讲义约70万字。后来，钱伟长又在华中工学院（今华中科技大学）、昆明工学院（今昆明理工大学）、重庆《应用数学力学》编辑部、西安冶金建筑学院（今西安建筑科技大学）等处开讲，听讲者达2000余人。

钱伟长的第二个主题的公开讲座是"张量分析"。

第六章
迈上新征程

这个讲座是为了配合艾林根教授的讲学而开设的。当时美国普林斯顿大学的理性力学权威艾林根教授曾受邀在昆明工学院讲授变分法和有限元学。这个讲座共14讲，每讲3个小时。1980年，艾林根教授特意到清华大学来拜访钱伟长，并称钱伟长为前辈。

第三个主题的公开讲座是"奇异摄动理论"。美籍华人应用数学家、物理学家、天文学家林家翘在1978年回国访问时，讲到星云发展学说运用了奇异摄动理论，并鼓励钱伟长在国内推广这一理论。1979年9月，钱伟长在清华大学开设了这一公开讲座。该讲座共有50讲，讲义约50万字，听讲者千余人。后来，钱伟长又在华中工学院和上海讲了两次。

第四个主题的公开讲座是"穿甲力学"。该讲座于1981年7月至9月在庐山举行，共50讲，讲义约40万字。《穿甲力学》出版后，于1988年荣获全国优秀科技图书一等奖。

第五个主题的公开讲座是"广义变分原理"。这是民盟中央多学科学术讲座的一部分，主要是钱伟长于1982年获国家自然科学奖的"广义变分原理"的内容。在讲座中，他对国内一些似是而非的所谓"权威"理论进行了批判。该讲座共 14 讲,讲义约 40 万字,后由上海新知识出版社(今上海教育出版社)出版。

第六个主题的公开讲座是 1987 年 1 月开讲的"格林函数和变分法在电磁场和电磁波计算中的应用"。它是上海工业大学主办的微波研究班的第一个课程,共 20 讲,讲义约 25 万字,后由上海科学技术出版社出版。

这些公开讲座是钱伟长多年来的科研成果的一次系统性总结,可以说,每一个讲座都是一部新的学术论著,每一个讲座都是他对祖国、对科学的无私奉献。

扛起"三项任务"

除了带研究生、开讲座、写论文,钱伟长还承担了三项重要任务:第一项任务是宣传"四个现代化",第二项任务是宣传祖国和平统一方针,第三项任务是参与《简明不列颠百科全书》中文版的出版工作。

实现"四个现代化",搞好经济建设,是当时中国

第六章
迈上新征程

的首要任务，也是有识之士的共同心愿。

1978年7月，钱伟长在河南安阳首次做了《关于实现"四个现代化"问题》的报告。他的报告通俗风趣，以故事的形式帮助人们了解"四个现代化"的主要内容和必要性，以及将给我国社会生活、经济生活带来的变化等，深受听众欢迎。

钱伟长在报告中讲到，所有国家一开始都是落后的，比如美国、英国、日本虽然现在很现代化，但它们都经历了一个由落后到现代化的过程。

钱伟长风趣的报告受到了听众的一致好评。郑州铁路局，邯郸、石家庄和保定市委纷纷邀请他去做报告，听讲的人数一次比一次多，在保定的讲座听众达到了2000人。

至1983年，钱伟长在全国多个城市做了内容大体相同的报告，听讲人数达30余万。从南到北，从东到西，到处都留下了这位老科学家的足迹。他的嗓子讲哑了，仍不愿休息；尽管身体十分劳累，但心里却无比高兴。

1980年6月下旬，钱伟长拖着病体来到酷热的郑州。到达郑州的当天下午，他就做了一场报告。第二天，他因过度疲劳病情加重，感冒转为肺炎，高烧近40℃。在昏迷中，他被送进了医院。醒来后，他问道："我怎么在医院？我还要做报告。"医生说："您生病了，做报告的事还是等您病好了再说吧。"

几天后，病情稍有好转，钱伟长就去找医生，说："按照计划，我还有一场报告，这是必须完成的任务。请你……"

"钱教授，相信您能理解，医生要为病人负责。您的病还没有好，我们不能让您出院。"医生打断了他的话。

钱伟长无可奈何，只好作罢。又过了几天，他再次向医生恳求道："我很感谢省委领导同志对我的关怀，也感谢你们的精心治疗。我的病已经全好了，你们再不放我出去，我会得心病的。"

这次换作医生无可奈何了，只好同意他的请求，但前提是做完报告后必须马上回医院。

1980年，钱伟长率团到香港参加国际中文计算机会议，借机在报告会上做了关于"四个现代化"的报告，听众达800人，报告的录音还在香港各单位播放。

1982年9月5日至25日，70岁的钱伟长在新疆乌鲁木齐等地做报告。他用普通话讲，4位民族语言翻译轮流传译，盛况空前。

第六章
迈上新征程

1984年和1987年,钱伟长分别在中国驻荷兰大使馆和驻波兰大使馆做了报告,同样深受华侨和使馆工作人员的欢迎。

钱伟长做报告到过许多地方,包括非常偏远的地区。他走到哪里,就把实现"四个现代化"的宣传带到哪里。他认为这是自己的责任。

钱伟长的演讲水平早在20世纪50年代就为人们所折服,那时他的演讲曾令不少人着迷,清华大学教授黄延复就是其中之一。

当时,钱伟长受北京汇文中学邀请去做时事教育报告,他生动风趣的语言,给汇文中学的学生黄延复留下了深刻的印象。很久以后,黄延复还对当时的情形记忆犹新。正是这次演讲,使黄延复成了钱伟长的忠实追随者。

对于第二项任务,钱伟长更是全力以赴。为了实现祖国和平统一,他多次访问香港,并在香港回归的进程中做了很多实质性的工作。

钱伟长晚年接待台湾客人,总是不忘提醒台湾同胞"要常回家看看,千万不要忘记回家祭祖"。他说:"中国共产党提出了'一个国家,两种制度'的构想,这种

第六章
迈上新征程

构想既照顾到了各方的利益，也反映了海峡两岸要求和平统一的共同愿望，建立和平统一、团结富强的国家，使其早日腾飞于世界，是中华儿女的共同心声啊！"

第三项任务——《简明不列颠百科全书》在中国出版发行，钱伟长同样功不可没。

1980年12月，钱伟长参加了《简明不列颠百科全书》的中美合作谈判，并且成为中美联合编审委员会中方仅有的两名委员之一，全程跟进该书的出版进程。

编译一套包罗万象的百科全书，首要任务是聘请各个方面的专家、学者。对此，钱伟长不遗余力，积极推荐，不仅亲自给各位专家、学者写信或打电话，还让妻子孔祥瑛骑自行车带着工作人员上门拜访。他经常对工作人员说："你还缺什么人，可以告诉我，我再帮你找。"

10卷本的中文版《简明不列颠百科全书》于1985年8月出版问世。1986年9月至10月，钱伟长应美国不列颠百科全书公司邀请，到华盛顿参加了华盛顿信息学院的研讨会，并出席了《简明不列颠百科全书》中文版在美国的首发式。

以上所说的三项任务，无论哪一项都需要全心全意地投入，都需要负责人对国家和工作拥有炽热的情感。

这些在古稀之年的钱伟长身上,均是取之不竭的至纯动力,是他回应科学春天的至真心声。

为科学甘做"人梯"

钱伟长一向重视对年轻人的教育,总是不遗余力地扶持和帮助年轻人,鼓励年轻人成长。

1979年1月,上海徐汇中学年轻的物理老师傅信镛自费来到北京,带来了物理学上一个关于"麦克斯韦妖"的百年难题。

傅信镛在1962年上大二时,便通过学习热力学和统计物理,对"麦克斯韦妖"产生了兴趣。此后10年间,他进行了几十次艰难曲折的尝试,终于在1973年找到了一个较为理想的实验方法。为了实施自己的实验方案,他节衣缩食,四处奔走,多方求教。然而5年过去了,他连一根实验用的电子管也没有做成。无奈之下,他决定到北京寻求物理学界前辈的帮助。

第六章
迈上新征程

1979年2月，傅信镛来到清华大学，找到了素昧平生的钱伟长。见面后，不待傅信镛详细介绍，钱伟长便止住了他："你先不要说，我要先看看你的论文。"看完论文后，钱伟长激动地说："好文章，这样的文章才叫好文章！"然后又兴致勃勃地听这位年轻人介绍，并详细询问了许多实验细节。最后，钱伟长满腔热情地鼓励道："如果能够捉住'麦克斯韦妖'，那将是对物理学的一个了不起的贡献。你的想法很新颖，也很巧妙，而且不是没有根据的，值得一试。"

有了钱伟长的支持和鼓励，傅信镛怀着激动的心情离开了北京。一个月后，钱伟长收到了《百科知识》杂志寄来的傅信镛的论文以及编辑部请求审稿的信件。他仔细审读了论文，在复信中说："傅信镛同志的文章提出了一种设想，从理论上看，这种设想是完全允许的。它比麦克斯韦设想更具有现实意义，但终究还只是科学上允许的设想。至于这种设想是不是能够成为现实，往往是个技术问题。……以我的知识而言，还看不出这个设想有什么致命的毛病。我认为麦克斯韦在1871年能放出一个妖怪来，我们完全应该允许傅信镛同志提出一个设想，绝不应该因为它今天还没能成为现实而封闭这种思想的公之于众。我同意你们考虑在《百科知识》杂志上发表这篇论文。"

上海交通大学物理系教授方俊鑫和复旦大学物理系教授华中一读了钱伟长的回信后,十分高兴。华中一对这项工作进行了具体指导,方俊鑫则极力推荐将傅信镛调到上海交通大学,并为他争取了一笔经费,让他协同上海电子管厂开展实验工作。

1979年5月13日,两根实验电子管顺利制成。第二天,初步实验获得成功。傅信镛怀着极度兴奋的心情,立即给钱伟长拍去电报:"蒙老师慷慨相助,麦克斯韦设想实验于今天10点30分初试成功。"

一周以后,钱伟长到上海讲学。傅信镛和上海电子管厂的两位技术员来到华山饭店拜访他。钱伟长向他们表示祝贺,又详细了解了实验情况,并建议他们将论文和实验报告发表出来。1979年6月初,在钱伟长的督促和支持下,傅信镛的论文发表在了《上海交通大学学报》上,此时恰巧是麦克斯韦逝世100周年。

从上海回到北京后,钱伟长又收到了傅信镛写来的热情洋溢的感谢信,信中说:"您这次上海之行,将我的事业向前推进了一大步……关于您,我想得颇多。我

第六章
迈上新征程

觉得您像一头雄狮,有一对无与伦比的慧眼,有一颗赤诚的心,不知畏惧为何物。我因此有一个心愿:如果哪一天我能到麦克斯韦的故国去,一定要带一尊有艺术性的铜狮子回来送您。"

类似的信件,钱伟长已经收到过许多。这位热心的科学家总是把扶持年轻人看作自己的义务。他几乎每天都会收到从全国各地寄来的论文和信件,有的是学术刊物请他帮忙审稿;有的是学校或科研单位为确定教师或科技人员的职称,请他发表意见;还有许多像傅信铺一样的科学工作者,希望他能给予支持和指导……对于这些论文或信件,钱伟长总是认真阅读,耐心地给予解答。

通过这些来信和来访,钱伟长发现,很多研究力学和数学的年轻人能写出不少很有见地的文章,但经常得不到发表。为此,他决定做些什么加以改善现状。

经多方联系,钱伟长在重庆交通学院和中共四川省委的支持下,创办了由他主编的《应用数学和力学》,并由活跃在教学和科研第一线的一批专家学者组成编辑委员会。

为了支持新生力学科研人才的成长,钱伟长大胆放弃了专家审稿的传统制度,改由编辑委员推荐。《应用数学和力学》的出版很快引起了国内外学者的注目,也吸引了一大批中青年科学工作者投稿。其中发表的两篇由年轻人撰写的论文,曾被第十五届世界力学家大会选中。

看到年轻人如此奋发向上、刻苦钻研,钱伟长十分欣慰。他说:"我是接近70岁的人了,是我未来的5年重要,还是年轻人未来的50年重要呢?我看最重要的还是培养新一代的人才。我愿在这方面多贡献一点儿力量,甘愿做年轻人攀登科学高峰的'人梯'。"

"国家的需要就是我的专业"

钱伟长有句名言:"我没有专业,国家的需要就是我的专业。"钱伟长一生做了很多科研项目,写了不少科学论著,涉足多个学科领域,从不因为研究范围超出他最擅长的应用数学和力学领域,就停止或减弱探索与创新。他的每一项科研成果、每一部学术论著都是呕心沥血的杰作,都有新的构想。

第六章
迈上新征程

他之所以能达到这一境界，不仅是因为他拥有渊博的知识，更主要的是受强烈的爱国心驱使。一个典型的例子就是他发明的"钱码"。

有一次，钱伟长参加一个国际会议，一位外国专家宣称："只有拼音文字才能救中国，因为汉字无法进入电子计算机。"次年，《语文现代化》丛刊上刊登了一篇鼓吹中国汉字拉丁化的文章，文章作者说"方块汉字在电子计算机上遇到的困难，好像一个行将就木的衰老病人。历史将证明，电子计算机是方块汉字的掘墓人，也是汉语拼音文字的助产士"。这几句话让钱伟长十分气愤。

1980 年 10 月，钱伟长率团前往香港，参加国际中文计算机会议。

在参观 IBM、王安公司和联邦德国计算机公司的展品时，钱伟长看到 IBM 公司的中文输入计算机是日本人设计的，一个很大的键盘上有 1920 个汉字，常用字放在一块板上，次常用字放在另一块板上。王安公司把 IBM 的中文计算机键盘简化，但偏旁部首仍有 100 个，还是很大的一块板。这些公司争先说服钱伟长购买他们的产品，对此，钱伟长毫不客气地说："你们这个是落后的，那么大的键盘，我们受不了。我们走自己的道路，两年后我再和你们见面。"

1981年6月21日，钱伟长以强烈的民族自尊心和责任感，发起成立了中国中文信息研究会，并当选为理事长。同年7月，他在为天津人民广播电台科学普及栏目撰写的讲稿中指出："中文是联合国规定的五种使用文字之一，全世界大约有11亿人口使用汉字。实现中文信息处理的现代化，对于促进我国发展及世界文化交流都极为重要。中国是汉字的故乡，有着5000年的悠久历史，中文信息现代化的工作应该由我国人民来完成。我们相信，依靠我国人民的力量和才智是能够实现这一目标的。"

相对来说，拼音文字的编码比较简单，因此拼音文字"进出"计算机的问题比较容易解决。而作为符号文字的汉字就不同了，《康熙字典》收录的汉字有47035个，其中常用的就有七八千个。怎样给这些数量巨大的汉字编码，怎样把它们输入电子计算机，确实是个难度极大的问题，但也是必须解决的问题，否则信息处理的现代化就无从谈起，就会严重阻碍我国的现代化建设。

国内外有关专家、学者和爱好者也在研究探索，

力求找到一种更科学、更简便易行的汉字编码方法,至1981年,提出的方案已有200多种。钱伟长凭借深厚的国学功底,在1985年创造性地提出了宏观字形编码法,即"钱码",对于在电子计算机中应用汉字输入法有开山之功。

钱码简单易学,被IBM公司选为中文标准编码之一,其特点是以汉字的宏观形态编码。平时人们经常是近似地、模糊地捕捉字形部件特征来读音辨义。"钱码"以汉字的宏观字形部件编码,把151种基本部件按形状相似、相近归类,定义在39个键位上。例如,把"其、耳、且、目、自、白、臼、贝、见、页"等部件编为一码,便于联想,记忆量小,易学易用。这在国内是独创的。

1985年,"钱码"获上海市科技进步二等奖。1986年,在全国首届汉字输入方法评测中,"钱码"从全国各地选送的34种方案中脱颖而出,被评为A类方案;同年,在北京举行的全国编码比赛中,"钱码"因单人输入速度第一,获得甲等奖。

中文信息研究会理事长每届任期为5年,钱伟长连任第一、二届,直到1990年因年龄原因而辞去这一职务。在他担任理事长的10年中,我国中文计算机的研究从

第六章
迈上新征程

无到有，再到百花齐放，而中文输入法的编码方案更可用"万码奔腾"来形容。从这个角度来说，钱伟长对我国中文信息处理做出的贡献是不可估量的。

钱伟长在64岁时学计算机，于古稀之年发明"钱码"，这对一位大名鼎鼎的科学家来说需要多大的勇气！不是自己的专业领域，就要放下架子，因为做不好可能还会丢面子、失身份，如果从自己的角度考虑，钱伟长完全可以不接触自己不熟悉的领域，但是他没有考虑这些。

据统计，钱伟长在近20个学科或行业都做出过贡献，这在我国科学家中是十分罕见的。有人尊称他为"科学家中的超人"，也有人戏称他是"改行专家"。

除了钱伟长兼任的各种社会职务，通过他在一些地区调研期间为地方政府解决的问题，也可以了解到他过人的学识。这些问题涉及经济、水利、科技等许多方面，有些问题即便专业人士也可能感到棘手，而钱伟长的意见和建议往往很有见地。

1983年，钱伟长应邀为福建解决马尾港淤塞问题。马尾港是1975年耗资6亿元修建的新港，因选址不当，建成不久便被闽江冲积的泥沙淤塞，已经闲置弃用7年。有人提议迁建新港，但迁建新港需耗资1亿元。钱伟长到现场仔细观察后发现，马尾港泥沙淤积的症结在于：闽江南港、乌龙江流经马尾港一侧的水流湍急，而闽江北港流经马尾港一侧的水流较缓。

要解决这个问题，可以运用"束水攻沙法"，即在江心抛石筑堤，把河床束窄，将南港的急流引向码头这边，冲走积沙。钱伟长还画出了水流示意图。他的建议很快被采纳。石堤建好一个月后，淤沙被冲走，港口恢复了正常使用，而这一操作最后只花了100万元。

1985年12月，钱伟长应邀来到黄河三角洲。黄河由于春汛冰凌冲开两岸堤防而造成河尾改道，即入海口的不稳定改道，已有千年历史，被认为是无法治理的黄河"癌症"。这次钱伟长就是为解决这一难题而来。他首先视察了胜利油田。胜利油田的主体部分在山东省东营市境内的黄河尾间两对侧，但黄河口的拦门沙容易在冬季造成河面冻结，从而引起春汛期冰凌成灾。

经过详细勘察，钱伟长认为，要防止冰凌危害，应当打开河口以外的拦门沙，使河水畅流。为此，他提出用船装载消防队使用的救火机，从河口吸收海水，再以高压水枪冲击拦门沙。

实践证明，这是很有效的方案，拦门沙打开了一个约5千米宽的口子，水流通畅了，冰凌减少了，千年的难题就这样被解决了。这一难题的解决，为胜利油田的长远建设和黄河三角洲土地资源的开发，提供了良好的保障。

为"三农"问题献计献策

1987年4月，钱伟长当选为全国政协副主席，在任期间，他非常关注"三农"问题。

1983年，他和费孝通等人到苏南周边的小城镇考察，其中，沙洲县优越的地理位置引起了钱伟长的注意。

沙洲县位于"黄金水道"——长江下游南岸，在中国沿江沿海两大经济开发带的交会处，上海、南京、苏州、无锡等大中城市环绕在四周。钱伟长以其前瞻性的眼光，发现了沙洲县的巨大发展前景，他对沙洲县县长谈了自己对沙洲县发展经济的想法和建议。

根据自己在全国各地乡镇企业视察所了解到的情

况，钱伟长按照"城市现代化，港口国际化"的发展思路，在较高的起点上帮助沙洲县规划了扩建港口码头的宏伟蓝图，提出扩建沙洲钢厂等乡镇企业的建议。他反复强调，政府要支持乡镇企业发展，减少盲目竞争，减少暴富赤贫，少搞"花架子"和表面文章，兴办农村教育和文化产业，培养管理人才，多为老百姓做实事。

在钱伟长的建议下，沙洲县大力发展乡镇企业，吸收农村剩余劳动力，工农业产值跃居全国各县前列。

1985年，沙洲县创办了沙洲职业工学院，这是我国第一所县办大学。办学伊始，困难重重，县领导向钱伟长寻求支持，请他担任名誉院长，钱伟长欣然应允。他先后17次到校指导工作，对学院存在的问题进行了具体指导。

1986年9月，沙洲县撤县建市，改名为张家港市，成为长江水道上一个新兴的港口工业城市。

根据张家港的发展经验，钱伟长在全国政协会议上提出："应将北四村的小生产纳入大市场，并且要将农村开发为具有足够消费能力的大市场。"他以敏锐的眼光发现，农民偏低的消费力是制约国民经济发展的"瓶颈"。他在发言中提出：中国最大的问题是什么？是中

第六章
迈上新征程

国老百姓消费能力不高,而且主要是农民消费能力不高,因此工业产品就会出现过剩的问题。要开拓市场,首先应着眼于开拓9亿农民这个大市场,所以要千方百计使农民富裕起来。

之后,为了推进乡镇发展,钱伟长走到哪里,就把张家港发展乡镇企业的经验带到哪里。

1991年5月,钱伟长第一次来到湖北省县级市随州。市领导诚恳地邀请他介绍张家港致富的经验,还将他的讲话录了音。后来,湖北在全省播放了钱伟长介绍张家港市发展乡镇企业经验的讲话录音,引起了热烈反响。两三年后,随州乡镇企业的总产值达到70亿元。

让钱伟长感到意外的是,这段讲话录音还被人带到了辽宁。辽宁省委领导批示,要求在全省各县市播放,以此引起各级领导对发展乡镇企业的高度重视和大力支持。辽宁省委还邀请钱伟长到沈阳、丹东视察并介绍经验。钱伟长提出了以丹东、大连为窗口,带动辽宁乃至整个东北腾飞的建议,受到了辽宁省委领导的高度重视。

离开东北后,钱伟长又来到西北,访问了陕西、甘肃、宁夏的40多个县市。每到一处,他都会详细介绍张家港发展乡镇企业的经验，并根据大西北的实际情况，提出要研究解决干旱缺水的问题。

早在1986年，钱伟长便为甘肃省定西地区（今定西市）解决了一大难题。当时，定西地区有5个县在黄土高原深处，那里常年干旱，几乎寸草不生。钱伟长根据当地的地理条件，提出"以水发电，以电提水，建设灌区，兴办粮仓"的扶贫方案。按照这个方案，经过6年的努力，甘肃省在黄河两岸从兰州往北到白银一共建立了11个50万~100万亩的灌区，使长年缺粮的甘肃省实现了粮食自给自足。在1991年的华东大水灾中，甘肃还调出粮食支援灾区。

针对甘肃白银、金川两地新建镍矿区科技人员外流的问题，钱伟长也提出了切实可行的意见。他了解到科技人员外流，主要是因为当地经济贫困、教育落后，于是建议镍厂打破单一冶炼模式，将产品超产留厂，进行深度加工。到1992年，金川建成国有和集体两种经济成分的工业体系，用超产留厂的镍兴办了3个不锈钢用具厂和镍焊条厂；从镍矿渣中提炼出铜，建成2个炼铜厂和2个电缆厂，从而带动了周边地区建材行业和服务行业的发展，人员流失问题迎刃而解。

第六章
迈上新征程

1988年6月，费孝通和钱伟长又率领民盟成员到青海、甘肃、宁夏等地进行了一个多月的考察，之后向党中央、国务院提交了一份报告，建议在黄河上游建立多民族经济开发区，作为突破口和落实民族区域自治的试验区，为全面开发大西北做准备。

党中央、国务院领导对他们的意见十分重视，认为"费孝通和钱伟长的建议很好，对党中央、国务院的科学决策，为大西北地区的开发和国家建设做出了宝贵贡献"。国务院随即批转国家计委认真研究采纳。这个报告的许多具体意见都被列入国家"八五"计划和十年规划。

西北地区的干部、群众听说这件事以后，纷纷称赞费老、钱老"为俺们大西北人和西北地区的开发建设做了件大好事"。此后，钱伟长又多次到大西北考察，以他的拳拳爱国恤民之心，为祖国大西北的开发建设献计献策。

1996年，在全国政协会议上，钱伟长提出了一个改变西北缺水干旱现状的"改天换地计划"，即在东经96度~98度、北纬29度~31度约4万平方千米的山区，把所有山体的迎风面用爆破方式改造成缓坡，消除青藏高原对印度洋暖湿气流北上的阻挡，形成一条宽约700

千米的巨大暖湿气流通道,从而为青海、新疆、甘肃等西北干旱省区带来较丰沛的雨水。

钱伟长还建议在新疆西部阿拉山口和塔城之间的山区,也开辟一条"气流高速公路",使来自北冰洋、西伯利亚的气流为新疆增添降水量。尽管这一方案存在许多争议和可商榷之处,但钱伟长过人的魄力和智慧从中可见一斑。

第七章　理想须践行

钱伟长说:"学习是一辈子的事情。在学校里固然是学习,工作以后同样要学习。一个人在工作中学到的知识大大超过在学校里学到的东西。"

 "聘钱之争"

改革开放以后,钱伟长被撤销的清华大学副校长的职务虽然没有恢复,但他也在四处奔忙,活跃在科学界和教育界。他迫不及待地投入工作中,这个时候,也有很多人在关注着他。

中国科学院力学研究所想请钱伟长来主持工作,因为所长钱学森要到航天部和国防科工委去工作,无暇顾及力学研究所。中国科学院希望在钱伟长调任力学研究所之前,清华大学能够按照当时已经公布的中央政策,先行恢复钱伟长以前的清华大学副校长职务,但因遇到阻力,调动没有成功。

几乎同一时间，出于对钱伟长的崇敬及学校事业发展的需要，华中工学院院长兼党委书记朱九思一心想要让贤，请钱伟长来当院长。尽管朱九思最后没能成功将钱伟长"挖到武汉来"，但钱伟长也因此和武汉的高校结下了深厚的友谊，不仅帮助华中工学院创设了力学专业，并指导研究生，还亲自授课，开设"变分法与有限元"和"奇异摄动理论"讲座，后来又在华中工学院首讲穿甲力学。

为了表示诚意，华中工学院也特批专项资金，把钱伟长请到庐山撰写专著《穿甲力学》，使各高校都能受益。钱伟长在该书的"序"中写道："本书的编著，得到华中工学院党委的关怀和积极支持，才能在庐山以较短的时间完成20余万字的编著工作，特此表示感谢！"

安徽大学也想请钱伟长去当校长。时任安徽省委第一书记、省长的张劲夫是出了名的"惜才如命"，他在担任中国科学院副院长、党组书记时便保护了一批包括华罗庚、童第周在内的科学家。他也曾向钱伟长施以援手，但是没有成功。1978年以后，张劲夫终于有机会请钱伟长来安徽大学当校长，但未能如愿。

上海工业大学的领导是以《应用数学和力学》编辑

部上海办事处为桥梁,开始与钱伟长接触的,时间是在1978年底。与此同时,上海交通大学也在与上海工业大学"明争暗抢"。上海交通大学党委书记邓旭初听说钱伟长要离开清华大学,马上登门看望钱伟长,表达了希望他到上海交通大学当副校长的愿望,"因为上海交通大学也正向清华大学看齐"。钱伟长同意去上海交通大学。

不过,上海工业大学似乎决心更大、工作更有力度。1981年10月下旬,上海市委表示要尽快解决上海工业大学长期悬而未决的校长问题。上海市委书记处书记夏征农对上海工业大学的领导说:"市委几位书记交换意见后,同意让钱伟长教授来工业大学担任校长,也向胡乔木同志做了汇报,乔木同志认为是可行的。"眼看学校三年来花费很大精力争取的事情终于要实现了,上海工业大学人人喜笑颜开。

1981年11月,上海工业大学党委正式向上海市教卫办及上海市委呈送报告,恳请上级任命钱伟长教授为上海工业大学校长。

报告发出前,钱伟长正在桂林讲学与考察,上海工业大学的领导为了"做通"他的工作,特地派校党委副书记到桂林邀请钱伟长来上海。到了上海,钱伟长一下

第七章
理想须践行

火车,就看见上海工业大学和上海交通大学的党委书记都率人来接站了,一番寒暄之后,他登上了上海工业大学的车。

此后一个月发生的事情,表明上海工业大学和上海交通大学"争夺"钱伟长已趋白热化。1981年12月1日,上海市教卫办两位处长来到上海工业大学,商谈钱伟长来上海工作的新的倾向性方案,即让钱伟长到上海交通大学任副校长,然后从上海交通大学调一位教授到上海工业大学担任校长,并解释了这样做的理由。

对此,上海工业大学党委反应非常强烈,马上又向上海市教卫办党组及市委呈送了《关于请示任命钱伟长教授为我校校长的第二次报告》。这份报告字里行间都让人感受到上海工业大学的领导对学校的管理建设是何等急迫。报告中列出了三个理由:一是上海工业大学急需市领导继续大力扶植,才能肩负起上海工业赋予学校的重大任务,而任命长期空缺的校长尤为当务之急;二是钱伟长教授来任校长,既有利于学校的成长和发展,又能全面发挥钱先生的作用;三是钱先生的任职问题,过去做的工作和走的步子已经很多,现在不应改变。

报告中还特别提到,上海工业大学从1978年底就与钱伟长取得了联系，并向市有关领导做了汇报，取得了赞同和支持。

最终，钱伟长选择了上海工业大学。其中的原因恐怕是多方面的。按照上海工业大学老领导的说法，有一点对钱伟长的触动很大，那就是他从桂林到上海，与上海工业大学的领导见面时，校党委书记张华说："钱教授，过去由于错误的政策，您一直受打击，现在我们请您来大展才能。"

而钱伟长的这次任命，最后拍板的是时任全国政协主席的邓小平。据钱伟长和有关人员回忆，中央组织部的任命通知上有邓小平的批示，并且批示上表示此次任命，不受年龄限制。

原来，教育部规定，年满60岁就不可以再当大学校长了，而钱伟长这一年已经70岁。所以，一些人以年龄为由百般阻挠，而在这份以中央组织部名义发出的调令上，邓小平特意加上了"不受年龄限制"这一条。

钱伟长接到通知是在1982年10月15日，当时他正在无锡举行"变分法与有限元"的公开讲座。得知邓小平亲自批示自己的任命书后，他的内心既激动又充满感慨，脑海里只想到了一句话，那就是"士为知己者死"。他已经 70 岁了，特殊时期被耽误了太多的时间，他希望用自己有限的时间多为国家的教育、科研事业再发一分光。

心怀坦荡选英才

1983 年元旦过后，钱伟长即将离京赴任上海工业大学校长，邓小平特地派秘书来找他，跟他打招呼说："王宽诚会来找您，王先生的想法没有错，他需要您的帮助，我们要促成这件事。"

王宽诚是浙江宁波人，早年在宁波经营国内口岸贸易、金融及轻工业。1947 年，他迁居香港，创立维大洋行（香港）有限公司，随后又创立幸福企业有限公司及数十家有限公司。

王宽诚不仅是位成功的实业家，还是个富有爱国心的人。抗美援朝时期，他曾捐献一架飞机，并通过各种方式发动香港各界人士响应祖国号召；他还出售个人在香港的房地产，集资 500 余万港元来购买物资，支援抗美援朝。

后来，王宽诚又把目光投向内地的教育事业。有一次，王宽诚对邓小平说他想捐1亿美元，组建一个教育基金会，支持国家的教育事业，培养科技人才。具体地讲，就是选100名留学生，由该基金会资助他们到美国去学习。

邓小平非常赞赏王宽诚的这一爱国善举，不过，王宽诚不愿意把这件事交给某个部门去做，担心有人"走后门"，无法保证物尽其用。他希望能够做到"三公"——公开、公正、公平。邓小平当场推荐了钱伟长，因为钱伟长在20世纪50年代初就曾负责留学生的工作，有丰富的经验。这也就有了秘书找钱伟长打招呼的前情。

大约过了半年，王宽诚来上海找到钱伟长，一起讨论基金会资助留学生的事宜。钱伟长此时已经有了成熟的想法。他对王宽诚说："按照'三公'原则，干这个事我们就公开干，要公平地严格挑选；并且提出资助的学生应该是去攻读硕士和博士学位。"但这样一来，王宽诚提供的资金就只够资助50人。钱伟长还说，派出去要有目的，国家需要什么就去学什么，学完一定要回来；要通过考试来选拔，所以应该成立考选委员会。

首先是确定谁来主考。钱伟长建议邀请在中国学术界有重大影响的著名人物成立考选委员会，并列出了一份13人的名单。

其次是确定怎么考、考什么。考选委员会成立后，第一次确定了50门学科，文、法、理均有。每个学生考4门课，其中一门是英语，其他三门是与专业密切相关的科目。考试公开进行，但只明确考试科目，没有划定范围，更没有指定参考书，这样有利于考测考生对本课程的理解。

为公正起见，钱伟长在全国找了400多位专家来出题，详细交代了出题的注意事项，并确定了谁出题、谁评卷。

考选委员会在全国设立了8个考场，分别设在北京、上海、武汉、西安、广州、成都、长春和香港。报名条件十分宽松，只要是大学毕业，年龄在35周岁以下，都可以报名。比较特别的是，学生报考时取消了政审，改为考取后再由其所在单位进行政审。

一切准备就绪后，考选委员会在《人民日报》《光明日报》等全国性大报上刊登了招考启事，公布了考试的学科、课程、时间、报名办法等细节。

这次考试报名时间持续了一年之久，报考人数有

2100多人。

另外，钱伟长还请了清华大学教务处两位经验丰富的退休人员，负责处理具体的考试事务。他们轻车熟路，从考卷保密到报名工作，做得有条不紊。

考试结束后，钱伟长与王宽诚商定录取标准：报考者的英语必须及格，其他三门课的成绩总分必须达到240分以上。即使考试合格者达不到50人，也绝不降低录取标准，坚决做到宁缺毋滥。后来，很多考生因为英语不及格而被淘汰，最后只录取了40多人。

录取工作极为成功，王宽诚十分满意。1985年，他出资1亿美元，成立王宽诚教育基金会，专门用于为国家培养人才。

1986年，考选委员会进行了第二批留学生选拔。这次考试取消了英语科目，将所有科目的考题全改为英语叙述，这样相当于变相考查了考生的英语水平。第二批同样确定录取50人，实际只录取了38人。

之后，王宽诚教育基金会将资金分成3部分，一部分仍由钱伟长负责，一部分由中国科学院负责，还有一部分由教育部负责。教育基金会资助的各类项目效益显著，有力地促进了中国的人才培养和科技事业的发展。

第七章
理想须践行

拆除"四堵墙"

1983年1月19日,钱伟长到任上海工业大学校长。

上海工业大学的前身是成立于1960年的上海工学院,1979年更名为上海工业大学,是上海市属重点大学,但在当时还被称为"四流学校",各方面条件都不理想,存在不少问题。

钱伟长到任后,详细了解了学校的情况,在一次会议上,他感慨地说:"这哪里是一所大学,充其量就是一所专科学校。"为了不让大家泄气,他又补充了一句,"当然,这样的大学在我国也还有不少。"

为了提高上海工业大学的办学水平和为上海经济社会发展提供服务的能力,钱伟长首先向广大干部、教师提出了8个"怎么办"的思考:

——怎样在党的教育方针指导下,直接为改革开放中的上海市的经济建设服务?

——怎样开拓办学路子？

——怎样进一步加强教育与生产的联系？

——怎样消除学校和社会的隔阂？

——怎样提高基础理论水平？

——怎样提高实践的能力？

——怎样提高学生德智体美的全面素质？

——怎样提高每一位教师的业务水平和教学水平，使学生素质有更快的提高？

这8个方面的问题，几乎涵盖了我国高等教育现代化进程中需要回答的全部问题，包括如何把握大学的办学方向、如何深化教育体制改革等重大问题。

钱伟长强调，学校的各项改革必须有利于提高教学质量和科研水平，多出人才，出好人才，多出成果，因此最主要的是破除旧的条条框框的教学模式，走中国式的社会主义高等教育的道路。因此，他提出了大学要"拆掉四堵墙"的著名论述。

第一堵墙是学校与社会之间的墙，也就是学校必须适应社会的变化，密切与社会的联系，为社会服务。学校教的知识要紧跟经济和科学技术的高速发展，教授国家建设需要的知识。

第七章
理想须践行

第二堵墙是校内各系科、各专业、各部门之间的墙。现代科学技术发展的一个突出特点就是跨学科，学科壁垒、部门所有制严重影响了科学技术综合化发展的趋势。

第三堵墙是教学与科研之间的墙，也就是要提倡教学与科研相结合，教师既要教学，又要搞科研。

第四堵墙是教与学之间的墙。当今世界科学技术和文化学术飞速发展，人们原有的知识很快就会老化过时，那种认为学生只有通过老师"教"才能"学"的传统教育思想，已不能满足需要，必须逐步加以改进。高校应该把学生培养成有自学能力的人，在工作中能不断吸取新知识、随时解决新困难的人。

钱伟长关于办大学要"拆掉四堵墙"的思想，是他几十年从事科学教育实践与理论创新的结晶。他在全国各地做了很多次关于"怎样学""怎样教""教与学""教学与科研""教育怎样为地方经济社会发展服务"的报告，与他的教育思想可谓一脉相承。上海工业大学及后来上海大学的教育教学改革和实践，都是围绕这一思想展开的。

改革措施主要分为3项，第一项改革是针对学校专业课程的设置。

钱伟长认为，教育是否成功，关键是看毕业生是否受社会欢迎，学到的知识是否有用。在他的领导下，上海工业大学对传统的专业课程逐步压缩和精简，甚至淘汰，并增设了机械自动化和机器人、精细化工、应用数学和力学、通信工程、工业外贸、经济管理等专业；另外还建设发展了一批培养研究生的学科和专业，成立了上海市应用数学和力学、机器人、精细化工、材料科学、预测和咨询等研究所。

除了接受工业部门、上海市政府各局和各区县、江苏省企业的生产科研课题，上海工业大学还和它们一起成立了各种"联合体"，以加强教学、科研、生产和贸易之间的联系。

为了打破各学科之间的界限，加强基础知识和基本技能的学习与训练，上海工业大学规定，学生入学后，前两年不分专业，一起学习基础课，第三年再分专业。博大才能精深，这样的安排对学生日后的发展极为有利。钱伟长认为，学校不应该把专业划分过细，而应当多学基础学科，只有打好基础，才有能力随时改行，去做社会需要的工作。

钱伟长对科学技术的发展有着极高的敏感性和前瞻

性。1984年,他预感到信息化时代即将来临,建议大学文、法、理、工、农、医专业的学生都要学计算机。于是,上海工业大学又设立了计算机中心和多个计算机工作站,为学生提供上机实践的机会。

为了给学生创造良好的学习外语的条件,钱伟长曾为学生争取香港爱国人士黄金富的资助,在校内设立"星光电台",每天播放六个半小时的英语节目。给学生每人配一副耳机,让他们可以在早晨、中午、下午、晚上规定的时间内收听节目,训练英语听力。他要求青年教师都要掌握外语和计算机操作技术,认为这是培养全面发展的大学生必不可少的基本功。

第二项改革是实行短学期制。

每个学年分为3个短学期和1个暑期。每一个短学期为10周讲课,2周考试,半周休息,暑期为13周。这在全国也是首创。对教师来说,学期短可以督促他们精简教材内容,提高教学质量;延长暑期则使他们有充分的时间备课和进行科学研究。对学生而言,短学期制的考试很像老学制的期中考试,易于准备,成绩也容易提高;而漫长的暑假,学生可以用来自学补习或进行社会调查、工厂实践等。

第七章
理想须践行

为了培养学生的学习能力,钱伟长还在上海工业大学实行学分制。学生可以选课计学分,只要取得一定的学分就可以提前毕业。考试不及格的可以补考,补考不及格的必修课要重修。

新的上海大学于1994年成立,从年初开始,实行过去在上海工业大学推行的学分制、选课制、三学期制。次年,这一教学改革在全校各年级实行。随后,这些制度被多所大学逐步推广。

第三项改革集中在教师队伍的培养方面。

曾经师从多名国际著名教授的钱伟长,很清楚一名好教师对于学生的重要性;曾经做了38年清华大学教授的钱伟长,同样清楚一名优秀教师需要具备哪些条件。他认为地方大学与国内外著名大学相比,差距主要体现在教师队伍的整体水平上,学校要"上台阶,不少学科踏上边了,可办学总体水平没有踏上边,总体要踏上边,关键就是抓好教师队伍建设"。

当时有的教师一上课就抱着书往黑板上抄,台下的学生则跟着抄。钱伟长对这种教学方法十分不满。他遵循当年清华大学的传统,主张教师在课堂上只讲课程的精华部分,提纲挈领地说明核心,引导学生课下阅读参考书自学。

钱伟长说:"学习是一辈子的事情。在学校里固然是学习,工作以后同样要学习。一个人在工作中学到的知识大大超过在学校里学到的东西。"因此他规定,如果遇到照本宣科的老师,学生可以缺课。

抓好教师队伍建设,重点是推进教师聘任制改革,首先要打破"大锅饭",砸烂"铁交椅"。对于一些完全没有能力或者不愿意配合改进的教师,钱伟长果断地淘汰。1994年以后,上海大学继续深化人事制度与分配制度改革,重点还是教师专业技术职务聘任制改革,主要方面是对高级职称的教师实行岗位职务聘任制。

上海大学一手抓教师职务聘任制改革,一手抓人才引进,尤其是优秀拔尖人才的引进,不仅聘请大量优秀人才来补充师资力量,还邀请许多国外学者和教授来学校访问讲学,并聘请他们为名誉教授。

搞了聘任制,如何衡量教师能力的问题也随之而来。钱伟长反对简单地以教学工作量来衡量以及作为定岗、定编的依据,因为"你不上课,就不是老师;你不搞科研,就不是好老师。教学是必要的要求,不是充分的要求,充分的要求是科研。科研反映你对本学科清楚不清

第七章
理想须践行

楚。教学没有科研作为底子，就是一种没有观点的教育，没有灵魂的教育"。他在《新清华》周报上发表文章，鼓励青年教师既要搞教学，也要搞科研，并且主要通过科研提高自身的学术水平。

钱伟长说，一个教师在大学能否教好书，与他搞不搞科研有很大关系。教师讲课要有自己的见解，不能都照书讲，讲完书就算完成任务。教师对教学内容要理解，这要建立在深厚的专业基础上。

在上海工业大学和后来的上海大学，钱伟长不厌其烦地宣传教师的任务和要求，热切地鼓励他们进行科研，在科研实践中深入了解学科的发展趋势。他对教师的要求是"三个一"，即每个教师要讲一门主课，有一个科研课题，联系一个工厂并在厂里做兼职义工。他认为，教师能力的提高主要靠做研究，边研究边学习，边学边干。

为了鼓励教师做科研，钱伟长还实行物质激励机制。教师科研成果的收入所得，学校分得1/4，教师分得3/4。在精神与物质的双重激励下，教师们搞科研的积极性被充分调动起来。

如今的上海大学，已经发展成为一所师资力量雄厚、科研水平先进的知名院校，而这正得益于钱伟长当年锐意而长远的改革。

肩负起校长的责任

自从到了上海工业大学，钱伟长就把自己的全部心血投入学校建设中，期盼在这里实现自己的教育理想。在当校长的 26 年里，他把师生当作自己的亲人，他的家就是他所在的大学。

他以独具魅力的思想、才干和品格，促进了后来的上海大学跨越式的发展，使一所建校历史不长、办学基础薄弱、校区分散的地方大学，成为拥有现代化校园、整体实力跻身国内先进行列、综合性的"双一流"大学。

可以说，钱伟长对学校的爱是全心全意的。

在他这个校长心中，学生的分量最重。他总想着，首先要把上海大学的每一个学生都塑造成"一个全面的人，是一个爱国者，一个辩证唯物主义者，一个有文化

第七章
理想须践行

艺术修养、道德品质高尚、心灵美好的人；其次才是一个拥有学科、专业知识的人，一个未来的工程师、专家"。为此，他亲自绘制新校区规划图，要给学生盖最舒适、最方便的校舍；他要为学生制定最自由的学习制度；他要求教师激发每一个学生的创造潜能，教学、科研双肩挑，教会学生自学。可以说，他的喜怒哀乐，都系于学生的每一步成长。

学校有两个大会，钱伟长一直坚持参加，一个是新生开学典礼，一个是毕业典礼。他还要求所有学校领导都出席，"因为是学生人生的大事"。在每一次的毕业典礼上，他总是亲自把一份份毕业证书递到学生手里。学校规模大，毕业生多，这样做对年逾七旬的钱伟长来说确实很累，但他在整个过程中总是很兴奋，脸上洋溢着满足而惬意的笑容。每发一份毕业证书，他就要和学生握一次手。有时他会跟边上的人说，这个学生手心出汗，手冰凉，这是因为身体虚弱，缺少锻炼。

学校每年都要拍毕业照，天气晴朗时就在大草坪，下雨则改在体育馆。钱伟长只要在学校，就会和毕业生们合影。

有一次拍毕业照，学生们在大草坪集合时天气还很好，当他们全部站好，只等钱伟长等校领导到场就可以拍了，不料领导还未到场，天却下起了大雨。负责拍摄工作的是个新任命的学校宣传部部长，他想，雨不大，那么多人排好队也不容易，队伍先不解散，等一等或许雨就停了。

这时，钱伟长从楼里出来，看到学生们正站在雨中等他合影，顿时发起火来，厉声说道："谁让学生们站在雨中的？"那个年轻的宣传部部长闻言色变，赶紧把队伍安排到体育馆去拍摄。

新的上海大学组建后，钱伟长向上海市政府申请要3000亩地来建新校区，这着实让人吃惊。要知道在此之前，上海的高校有十几所，在上海市外环线以内，还没有一家校园是过千亩的，上海大学11个校区加在一起也还不到1400亩。而上海作为中国产业规模最大、经济增长最快的地区之一，土地是最稀缺的资源，要想在外环线以内找一块3000亩的"空地"是很难的，何况那时上海大学的办学水平还不算高。但钱伟长一心要为上海大学的发展创造有利条件，脑海里一直琢磨着要描绘一幅上海大学的新蓝图。

对于钱伟长的要求，上海市领导十分重视，但由于

第七章
理想须践行

多方面原因，只能先考虑1500亩。1997年6月4日，时任上海市委书记亲自来到上海大学，敲定了新校区"立项、开工"。当天晚上，钱伟长异常兴奋，连夜绘制了一张新校区规划草图，第二天便召开校长、书记联席会议，展示了自己画的草图，并做了详细解释。

看着这张规划清晰的草图，听着钱伟长略显急促的话语，与会者无不被他的执着、热情以及他那缜密的思考所感动。一位85岁的老人，是怎样用一个夜晚描绘出这样一幅蓝图！想必这幅图早已在他心中打磨了无数遍，这是他用心血绘制的教育理想！

钱伟长还亲自动手书写了对上海大学新校区总体规划方案的意见以及对新校区环境建设的一些设想。从校园道路、学生宿舍、图书馆、体育场地、食堂，到电缆、给水、排水、网络共用地下管道，建筑之间的距离，以及实验区的设置、各学院的建筑、总办公楼，甚至国旗旗杆的位置，种什么树，各学院前的屈原、张衡、莎士比亚、爱因斯坦等人的塑像……诸多细节都一一列出，还附有5幅图，大到楼群布局，小到走廊多宽、厕所多少个，他都提出了具体意见。

几乎每一条意见都经过了仔细的推敲与计算，字里行间无不显示出他对新校区的无限憧憬和对学生的人文关怀。

1997年12月26日,上海大学新校区工程举行奠基仪式。1999年8月,新校区一期工程基本竣工。2000年8月,新校区二期工程基本完成。

在学校里,钱伟长最爱去两个地方,一个是图书馆,一个是泮池。

钱伟长一向重视图书馆建设,主张教师和学生要多利用图书馆,养成自由研究、自由学习的习惯。他说,"一个好的图书馆就是一所大学"。2000年落成的新校区图书馆建筑面积达3.92万平方米,外观雄伟壮丽,内部设施先进,是当时国内高校中单体建筑面积最大的图书馆。

关于图书馆,还有两件事在学校领导、教师中反响很大。一件是钱伟长凭一己之力,为学校图书馆一下子争取到近3000种外文原版科技期刊,涵盖的学科非常广泛,上海大学图书馆一时成为国内高校拥有外文期刊种类最多的大学图书馆。

另一件却是让钱伟长恼火的事情。有一次,图书馆整理书库,清理出一批旧的、很久无人借阅的俄文版专

第七章
理想须践行

业书籍,折价卖给了学校的老师。钱伟长和一位教师谈话时知道了这件事,恰巧这位教师买的一本旧书是力学方面的专业书,钱伟长说这是力学的"经典著作",图书馆怎么可以随意处置,应该收藏才是。他严厉批评了图书馆馆长"不懂科学"。

泮池是新校区的人工湖,水面有80亩,是钱伟长的"杰作"。在钱伟长生命中最后两三年,人们已经很少看见他出现在学校的公共场合,但是在天气晴朗的日子,仍能看到他出现在泮池边,戴着那顶师生们都很熟悉的浅色软檐帽,穿着那件亲切的枣红色夹克衫,端坐在轮椅上,凝视着湖面,任思绪沉醉在漫无边际的遐想中。

钱伟长实在是太看重自己身为校长的责任了。随着年龄的增长,他住院的次数也多了起来,每次住院时间一长,他就"吵"着要回学校。在最后一段日子里,他的身体状况已经不允许他再回学校处理事务了。有一次,上海市领导去医院看望他,他像小朋友一样"告状"说,学校的那些领导把他"关"在医院,不让他管学校里的事情。市领导深知钱伟长心系学校,只得好言宽慰。

20多年的高校管理,钱伟长的教育理念、改革举措纷纷落地，而他已经把自己完全融进了上海大学。上海大学就像他精心呵护的孩子一样，他面面俱到的悉心照料，使学校蓬勃发展，而多年的相伴也使他与这里难舍难离！

要办就办一流的综合性大学

在我国办一所像美国加州理工学院那样的大学，是钱伟长做教育的夙愿。

其实，这个"野心"很早就在他心里生根发芽了。在美国时，他和钱学森、郭永怀等人曾多次探讨回国后怎样为祖国效力，他们希望回来办一所比美国加州理工学院还要好的大学，让美国人慕名到中国来留学。

众所周知，中国教育界有个很著名的"钱学森之问"，那就是："为什么我们的学校总是培养不出杰出人才？"对于这个问题，其实钱学森本人已经给出了一个很明确的答案，只是在他生前一直没有公开发表，那就是中国的大学要向加州理工学院学习。在担任力学研究所所长时，钱学森效仿导师冯·卡门的做法，每周举行一次科学文献讨论会。他要求参加讨论的人发言要态度鲜明，因为在加州理工学院的讨论会上，"冯·卡门教授也参加争吵"，"但不影响人与人的关系"。

钱伟长在上海工业大学以及后来的上海大学，也在努力实践他和钱学森共同追求的办学理念。他认为，教师的责任是教会学生自学，培养学生的创新精神，因为一个没有自学能力的人是不可能拥有创造力的。

钱伟长多次强调，高等学校落实"科教兴国"战略的关键，是培养具有创新精神的学生，让他们带着满脑子的问题进入社会，去学习，去工作，去研究，然后设法攻克一道道难关，推动社会一点点向前发展。

钱伟长于1984年在上海工业大学创办了上海市应用数学与力学研究所，创办初期由他亲自主持学术研讨会。他说："一种新的科学思想往往是在最浓厚的学术氛围中相互讨论、相互启发、突然爆发出来的。这往往是许多新发展、新发现的先导。研讨会就是由一个或几个人谈某一问题的来龙去脉、多种学术观点及其局限，然后谈自己的观点，听的人一道讨论。"他还说，"学术观点不同不是冤家,自由讨论才有进步。"

钱伟长还特别主张不同学科的人在一起讨论,他说:"教师要搞科研,要扩大知识面,不能搞得太专、太窄。教理论力学的不关心材料力学,教无机化学的对有机化学不感兴趣,这是不成的。"

1984年4月7日,上海市应用数学与力学研究所举办了首次研讨会,由钱伟长主讲"弹性力学中的广义变分原理"。在这次研讨会上,钱伟长规定每周四下午应该成为"雷打不动"的研讨会时间,不准排课,不准安排其他会议,并且要作为一种制度固定下来。之后,上海市应用数学与力学研究所举办了700多次研讨会,许多中外知名学者专程到会做主题报告。

1994年,在钱伟长的努力下,上海工业大学与上海科技大学,以及原上海大学和上海科技高等专科学校,共同组建了新的上海大学。这一年,钱伟长已经82岁,仍继续担任上海大学的校长,为此他称自己是世界上"最老的校长"。

新成立的上海大学,有了一个高水平的美术学院,这是上海唯一一所多学科综合性高等美术学府。2008年8月,美术学院新院址在上海大学新校区落成,全国11

第七章
理想须践行

所美术院校，包括中央美术学院、中国美术学院的院长和校长都前来祝贺并参加学术讨论会。钱伟长在讲话中说，为什么要坚持在学校里建设一所高水平的、多学科的、综合性美术学院呢？这样做至少有两个好处，一方面是对学校来说，美术学院有两个基本任务，一是培养高级美术专业人才，二是对全校师生进行美术普及工作；另一方面是对美术学院自身而言，可以充分借助综合性大学多学科优势，拓展美术专业的教学和研究领域，提升传统美术专业水平，发展艺术和技术结合的新兴学科、交叉学科。

钱伟长这番话令在座的各位校长、院长拍手叫好，他们对上海大学美术学院的领导说："你们能有这样一位校长，真是万幸！"

后来，上海大学又有了影视艺术技术学院、数码艺术学院、艺术中心，但钱伟长并没有满足，他还想在上海大学办音乐学院。

在2006年3月的一次采访中，他说："现在我的眼睛、耳朵都不行了，但我仍喜欢音乐。我们学校有美术学院，但没有音乐学院，我希望能成立音乐学院，我委托刘诗昆先生一定要帮我完成这个心愿，我所要创办的音乐学院就是要用中国式的音乐教育培养学生对音乐的热爱。建立音乐学院不仅要培养全才、专才,而且要让更多普通学生都参与其中,普及才是关键,大学英文叫 university,我所理解的大学的作用就是 universal(普遍的),就是要培养学生的全面素质、综合素质。我们国家的传统文化博大精深,有数千年的历史,用中国式的音乐来教育学生是必要的。"

2013年6月2日,钱伟长的这一心愿终于实现了。这一天,上海大学音乐学院正式成立。

钱伟长还很关心大学生体育教育和体育场馆的建设。他说:"体育教育是高校培养学生全面发展的主要载体和手段之一,体育教师肩负的工作责任和其他学科的教师一样任重道远。""很多培养是通过体育教育来做的,是一个全面培养合格的社会栋梁的重要部分。"所以,学校的体育教育是"不能仅仅作为体育问题来抓"的。

上海大学新校区建设时,将近1/6的投资用于体育场馆建设,体育中心于2002年落成后,拥有当时全国高校中首屈一指的体育设施。落成当年,钱伟长向上海市教育局和上海市体育局领导提出举办上海市普通大学生足球联赛的建议。他亲自拟订了竞赛章程,写了密密麻麻的几大张纸，还个人出资做了奖杯。作为一位知名人物，而且已经九十岁高龄，他对这样一场业余足球比赛如此重视、如此用心，这当然与他一贯倡导的教育思想息息相关。

2007年11月，上海大学体育学院正式成立。

钱伟长还要在上海大学办医学院。他认为，高水平的综合性大学应该有医学院和生命科学学院。但从上海工业大学到上海大学，他努力了将近10年，由于一系列原因，他的这一愿望始终未能实现，成为他的一大遗憾。

对于上海工业大学和上海大学，钱伟长倾注了太多的感情。他提出要把"自强不息"作为校训，并解释说："'天行健，君子以自强不息'，这句话是很有道理的，与我们党的要求也是符合的。中国古代'天'是代表客观，天道就是客观规律，要按客观规律来办事。'行'就是办事，'健'就是这个事情总是能办好的。光凭客观规律，自己不发展不行，人还要努力地创造条件，克服困难，自强不息。"

钱伟长80岁的时候，曾自书条幅"厚德载物，自强不息，为人民服务"用以自勉。这句话正是他的人生写照。他一辈子自强不息，始终朝着认定的目标不懈努力。

2010年7月30日，钱伟长走完了他光辉的一生，享年98岁。

当年的《感动中国》栏目将钱伟长选为年度人物，推选理由之一是："《论语》载，子以四教，文、行、忠、信。钱先生以毕生的身体力行，昭示了一位学者的坚持与信仰。"颁奖辞是："从义理到物理，从固体到流体，顺逆交替，委屈不曲，荣辱数变，老而弥坚，这就是他人生的完美力学，无名无利无悔，有情有义有祖国。"